本书由太原科技大学博士科研启动基金（W201820

聂戈⊙著

母胎依恋

影响因素及产后的发展

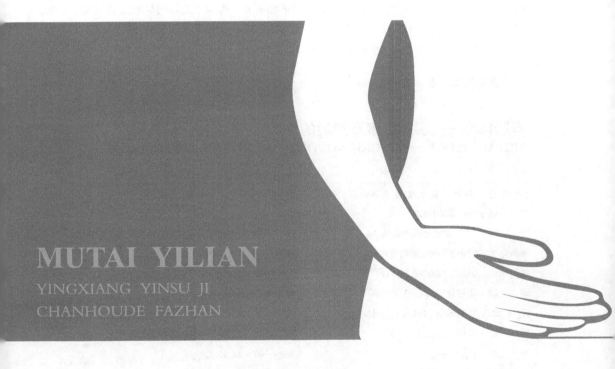

MUTAI YILIAN

YINGXIANG YINSU JI

CHANHOUDE FAZHAN

知识产权出版社

全国百佳图书出版单位

—北京—

图书在版编目（CIP）数据

母胎依恋：影响因素及产后的发展 / 聂戈著 . —北京：知识产权出版社，2019.12

ISBN 978-7-5130-6688-4

Ⅰ . ①母… Ⅱ . ①聂… Ⅲ . ①亲子关系—研究 Ⅳ . ① C913.11

中国版本图书馆 CIP 数据核字（2019）第 285261 号

内容提要

母亲对于孩子的依恋始于何时？传统观点认为，亲子关系是在孩子出生之后父母与子女之间形成的人际间相互关系。事实上，母亲对于孩子的情感连接早在孩子出生前就已经开始了，这种母亲对于未出生孩子的依恋就是母胎依恋。本书打破了已有研究的局限性，将目光集中在母亲对于孩子的依恋发展过程中。历时数年，综合运用质性与量化的方法，追踪了数以百计的正在孕育新生过程中的母亲，对中国母亲的母胎依恋发展过程进行了调查，探索哪些因素影响母胎依恋的发展及母胎依恋对产后母亲与胎儿的情况是否具有一定的预测作用。这是第一个在中国进行的母胎依恋研究，为亲子关系的早期发展提供了新的研究方向。同时，本书对于了解中国母亲的母胎依恋发展情况有极大的帮助，也为面临母胎依恋困境的朋友提供了一些解决问题的专业思路。

责任编辑：张 珑 苑 菲 　　　　　责任印制：孙婷婷

母胎依恋——影响因素及产后的发展
MUTAI YILIAN——YINGXIANG YINSU JI CHANHOUDE FAZHAN
聂 戈 著

出版发行：知识产权出版社 有限责任公司		网　址：http：//www. ipph. cn	
电　话：010-82004826		http：//www. laichushu. com	
社　址：北京市海淀区气象路 50 号院		邮　编：100081	
责编电话：010-82000860 转 8574		责编邮箱：laichushu@cnipr. com	
发行电话：010-82000860 转 8101		发行传真：010-82000893	
印　刷：北京建宏印刷有限公司		经　销：各大网上书店、新华书店及相关专业书店	
开　本：787mm×1092mm　1/16		印　张：9	
版　次：2019 年 12 月第 1 版		印　次：2019 年 12 月第 1 次印刷	
字　数：140 千字		定　价：58.00 元	

ISBN 978-7-5130-6688-4

前　言

　　本书起源于笔者对于成为母亲的好奇与迷茫。面对孕育新生命这一严肃课题，笔者看到了不同状态的准妈妈，有些人害怕，有些人渴望，有些人被逼无奈，还有些人游刃有余。不知道她们的不同状态会对孕期和产后带来怎样的影响，于是便有了研究的兴趣。

　　母亲对孩子的依恋始于何时？研究发现，母亲对于孩子的依恋早在怀孕期间就开始形成，并对母亲的整个怀孕过程以及亲子关系的建立产生重要的影响（Cannella，2005；Condon，1993）。传统的观点认为，亲子关系是在孩子出生之后父母与子女之间形成的人际间的相互关系，它包括父母对于孩子的依恋和孩子对于父母的依恋两部分（Jansen，Weerth，Riksenwalraven，2008）。过去的研究焦点主要集中在孩子对于父母的依恋上，而忽略了父母对于孩子的依恋。近年来，随着发展心理学的研究取向朝着生命全程的两极（即孕期和老年）分化（林崇德，2010），研究者意识到父母对于孩子的依恋在亲子关系建立之初起着重要的作用。尤其是母亲对于未出生孩子的依恋，即母胎依恋（maternal-fetal attachment）。母胎依恋对于母亲的怀孕过程与孩子的健康发展都具有重要意义。良好的母胎依恋可以促进孕妇对母亲角色的认同，保障构建有利于胎儿生长发育的宫内环境，使孕母和胎儿在心理生理方面得到极大满足，从而提高妊娠质量。

长期以来，学术界对于母胎依恋的研究一直未能给予足够的重视。直到20世纪80年代，母胎依恋才受到心理学与护理学的关注。在过去的三十多年里，关于母胎依恋的研究开始增多，也形成了一些共识。但是，目前的研究仍然存在一些不足。

第一，绝大部分关于母胎依恋的研究都出自西方国家的研究者，鲜有来自东方文化背景的研究，母胎依恋的研究结果是否具有跨文化的一致性有待进一步检验。国内关于母胎依恋的研究比较少，我们需要在中国的背景之下对母胎依恋进行探讨，因为在中国文化里，父亲的角色更为权威，也较少参与到抚养工作中（Ho，1987），因此可能中国文化背景下母胎依恋比西方更强。同时，因为中国的独生子女政策，母亲可能会对孩子寄托更深的情感，并表现出更多的爱抚行为。如今已有独生子女成为母亲，她们对孩子早期建立起的依恋关系究竟会因为自我中心而导致水平较低，还是会受代际传递影响，对自己的孩子产生更强的情感依附，都是很值得探讨的主题。一旦国内母亲的母胎依恋水平较低，那么从集体主义文化下社会网络较为密集的角度，则很可能影响母胎依恋的质量（丁雪辰，2013）。

第二，已有的研究主要关注单一因素对母胎依恋的影响，而缺乏理论基础之上的系统性模型建构。在实践观察和文献分析的基础上，笔者发现母胎依恋的发展问题并不是单一因素作用的结果，而极有可能是心理社会因素综合作用的产物，这其中既要考虑母亲自身的依恋经历和心理健康水平，也要考虑其重要社会关系（如夫妻关系）对母胎依恋早期发展所带来的影响。另外，是否存在一个影响因素模型可以解释母胎依恋，目前仍有待深入研究。

第三，已有研究大多只针对母胎依恋进行研究，而缺乏母胎依恋对产后母子情况以及母婴依恋关系的探讨。一方面，母婴依恋是由母胎依恋关系发展而来，并受母胎依恋的影响。鉴于多个研究结论并不一致，这种差异性提示我们，母胎依恋对母婴依恋的影响可能受到其他变量的影响，需要更多的追踪研究来验证母胎依恋与母婴依恋之间的关系；另一方面，对于母胎依恋与生产结果等方面关系的研究还比较缺乏，需要更多研究证实母胎依恋对于孩子出生后的影响的假设。

因此，对国内母胎依恋的早期发展进行系统研究具有重要的理论与实践意义。

这本书是笔者对前期博士论文研究内容的重新整理与扩充，这个过程让笔者回想起那些潜心研究的日子，内心充满温暖。感谢与笔者相遇的每一位准妈妈，很荣幸有机会分享她们在怀孕阶段的喜怒哀乐；感谢给予笔者无限支持与帮助的恩师范红霞教授，在学习和生活中，您像一位慈祥的母亲指引着笔者，从论文选题、研究设计到撰写论文，每一次的耐心指导都历历在目，每一个拥抱都安慰、鼓励着笔者，促使科研"菜鸟"的笔者不断成长，并在这个过程中学习如何做人做事做学问；感谢为笔者开启心理分析大门的申荷永教授，从硕士到博士，您让笔者感受到心理学的温度以及心理治疗的魅力，您如心灵的灯塔、如航行的指南针，指引着笔者不断前行；感谢北京市房山区妇幼保健院周志春副院长以及妇产科、儿保科医生护士们的大力支持；感谢康登（Condon）教授对母胎依恋相关问卷的授权，使得研究得以顺利完成；感谢家人的默默付出，你们是笔者最大的幸福；最后，还要感谢知识产权出版社，感谢各位编辑，此书能够顺利出版离不开你们的辛勤劳动。

希望这本书可以带给准备或正在孕育新生命的父母一些启发，祝福每一个孩子都能够健康成长！

聂 戈

2019 年 6 月于太原科技大学

目　录

第1章 绪 论

1.1 选题缘由

1.1.1 选题的现实意义

我们相依为命，合二为一的日子，只有40周，你住在妈妈的肚肚里，妈妈很辛苦，但很幸福。

你越长越大，妈妈的肚子也越来越大，当你足够强壮，当妈妈的肚子已经装不下。

嘭——你就出生了！

剪断脐带，你成为一个独立的小人儿。

妈妈的心里有喜悦，有感动，也有点点失落。

因为，你不再只……属于我一个人。

——来自一位母亲给孩子的信

母亲对于孩子的依恋是与生俱来的，是一种"原始的母性专注"。即，从意识到胎儿作为个体存在直到逐渐认识到他是一个独立的人的过程。大部分母亲在孕中期结束时就会强烈感受到自己对于胎儿的依恋，并非常珍视胎儿，感受到由此而来的愉悦感和自豪感（Ruben，1975）。但是，在当今社会，却出现了一群"与孩子失联"的母亲。

案例一：

我是一个七个月的孕妇，不知道肚子里是男孩是女孩，私心想着生个男孩，并不是因为我重男轻女，是因为我如果生女儿，我婆婆会有理由让我生二胎，可是我并不想生二胎。我根本就不喜欢孩子，生孩子只是为了完成任务，希望早点"卸货"，丢给婆婆养孩子，到时候就不会烦我了。

案例二：

我是一个家庭主妇，已经有一个3岁的孩子了，在上幼儿园，怀了二胎，现在五个月，但是我一点都不想要这个孩子，这与经济条件、孩子意愿没有关系，就是我自己特别不想生孩子了，真的想打掉孩子，但是丈夫不同意。现在真的对胎儿一点心思都没有，但想到以后他会出生，又觉得自己很对不起他。

案例三：

我现在怀孕26周，特别烦躁，经常和老公因为一些鸡毛蒜皮的事情吵架，吵完后心情很失落，有一种想掐死孩子的冲动。事后冷静下来觉得很自责，自己做妈妈太不够格了，太对不起孩子了，她还没出生，也特别怕家里人知道自己想虐待孩子。

......

是什么夺去了这些女性做母亲的本能，导致她们与自己的孩子建立联结都变得困难？

"母胎依恋"是 20 世纪七八十年代由西方学者最先提出的。他们发现，随着社会的发展、经济水平的提高、生活压力的增加、养育子女成本的提高，以及已婚女性投入职场所带来的时间价值的改变，生育率降低，出现了一些母胎依恋发展困难的母亲，主要表现为孕期以及产后阶段对孩子的联结困难。怀孕阶段，她们很难感受到胎儿作为独立个体的存在，对胎儿在情感、精力上投入不足，无法与胎儿建立联结。

随着我国社会经济的飞速发展，国内孕产妇也出现了相似的问题。一方面，随着已婚女性投入职场的数量增加，职场母亲在孕期和产后的压力增大，生育的时间成本提高，导致她们的生育意愿降低，也无法在孩子身上投入足够的情感和精力；另一方面，"计划生育"政策施行三十多年，改变了大众的生育观，人们对新生命的重视到了无以复加的地步，这也让母亲们倍感压力，从而对新生命态度矛盾。另外，传统文化的影响依然存在，母亲要相夫教子，在家庭中承担更多养育子女的责任，而这种要求与现实情况的矛盾，也使得女性对于新生命的向往降低、压力上升。加之怀孕本身对于女性生理与心理的巨大影响，而家庭与社会对怀孕女性又缺乏理解，这些都为母胎依恋的早期发展带来了挑战。于是，我们看到了更多即将做母亲的女性脸上浮起"愁云"。

如上所述，近年来各种孕期和产后亲子关系建立方面的问题层出不穷，而这些问题的解决需要追本溯源。因此，针对国内母胎依恋的发展进行研究，具有非常重要的现实意义。

1.1.2　选题的理论意义

父母对于孩子的依恋始于何时？近期的研究发现，父母对于孩子的依恋早在孕期就已经形成（Cannella，2005；Condon，1993）。传统的观点认为，亲子关系是在孩子出生之后父母与子女之间形成的人际间的相互关系，它包括父母对于孩子的依恋和孩子对于父母的依恋两部分（Jansen，Weerth，Riksenwalraven，2008）。一直以来，研究焦点主要集中在孩子对于父母的依恋关系上，而忽略了父母对于孩子的依恋。近年来，随着发展心理学的研究取向向生命全程的两极（即孕期和老年）分化（林崇德，2010），研究者意识到，父母对于孩子的依恋，尤其是母亲对未出生孩子的依恋，即母胎依恋，在亲子关系建立之初起着重要的作用。母胎依恋对于母亲的怀孕过程与孩子的健康发展都具有重要意义。良好的母胎依恋可以促进孕妇对母亲角色的认同，保障构建有利于胎儿生长发育的宫内环境，使孕母和胎儿在心理生理方面得到极大满足，从而提高妊娠质量。在怀孕期间，许多孕妇都会意识到胎儿的存在并给予关注，她们甚至会尝试与胎儿进行某种程度上的互动，如与胎儿对话、抚摸肚子并观察胎动等。这就为母胎依恋的建立提供了一定的基础。

长期以来，有关亲子关系的研究主要集中于孩子对于父母的依恋，对母胎依恋的重视程度不足。直到20世纪80年代，母胎依恋才受到心理学与护理学的关注。在过去的三十多年里，越来越多的研究者开始关注母胎依恋的界定、测量、影响因素以及母胎依恋的影响结果等方面，而且研究者形成了越来越多的共识。积极的母胎依恋对于提高妊娠质量、奠定早期亲子依恋关系均有重要的意义。但是，目前的研究仍然有几个方面的不足。

第一，绝大部分关于母胎依恋的研究都出自西方国家的研究者，鲜有来自东方文化背景的研究，母胎依恋的研究结果是否具有跨文化的一致性有待进一步检验。国内关于母胎依恋的研究比较少，我们需要在中国的背景之下对母胎依恋进行探讨。因为在中国文化里，父亲的角色更为权威，也较少参与到抚养工作中（Ho，1987），因此可能中国文化背景下母胎依恋比西方更强。同时，因为中国的独生子女政策，母亲可能会对孩子寄托更深的情感，并表现出更多的爱抚行为。如今已有独生子女成为母亲，她们对孩子早期建立起的依恋关系究竟会因为自我中心而导致水平较低，还是会受代际传递影响，对自己的孩子产生更强的情感依附，都是很值得探讨的主题。一旦国内母亲的母胎依恋水平较低，那么从集体主义文化下社会网络较为密集的角度，则很可能影响母胎依恋的质量（丁雪辰，2013）。

第二，已有的研究主要关注单一因素对母胎依恋的影响，而缺乏理论基础之上的系统性模型建构。在实践观察和文献分析的基础上，笔者发现母胎依恋的发展问题并不是单一因素作用的结果，而极有可能是心理社会因素综合作用的产物，这其中既要考虑母亲自身的依恋经历和心理健康水平，也要考虑其重要社会关系（如夫妻关系）对母胎依恋早期发展所带来的影响。另外，是否存在一个影响因素模型可以解释母胎依恋，目前仍有待深入研究。

第三，已有研究大多只针对母胎依恋进行研究，而缺乏母胎依恋对产后母子情况以及母胎依恋关系的探讨。一方面，母婴依恋是由母胎依恋关系发展而来，并受母胎依恋的影响。鉴于多个研究结论并不一致，这种差异性提示我们，母胎依恋对母婴依恋的影响可能受到其他变量的影响，需要更多的追踪研究来验证母胎依恋与母婴依恋之间的关系；另一方面，对于母胎依恋与生产结果等方面关系的研究还比较缺乏，需要更多研究证实母胎依恋对于孩子出生后的影响的假设。

因此，对国内母胎依恋的早期发展进行系统研究具有重要理论意义。

1.2　研究目的

基于以上研究动机，本研究拟以孕产妇为研究对象，对国内母胎依恋的现状进行调查与分析；从心理社会角度，探究影响母胎依恋的因素并进行模型建构；分析母胎依恋与母婴依恋、婴儿睡眠之间的关系。

因此，本研究的研究目的如下。

第一，对国内母胎依恋发展的现状进行调查与分析。

第二，探讨母亲早期依恋经历、抑郁、婚姻质量与母胎依恋的关系，建构母胎依恋影响因素模型。

第三，探索母胎依恋与母婴依恋之间的关系以及其他因素对母婴依恋的影响。

第四，探索母胎依恋与婴儿睡眠之间的关系。

1.3　核心概念的界定

1.3.1　母胎依恋

母胎依恋（maternal-fetal attachment）是一种母亲对于胎儿所产生的情感联

结关系，包含认知表征、情感投入和行为互动。其中，认知成分为母亲对怀孕母亲角色及胎儿的知识和态度，情感成分为孕妇对期望中的胎儿投入的情感资源和由此产生的感觉，行为成分为母亲与胎儿进行的（如说话、抚摸、起名字等）互动（丁雪辰，桑标，李丹，2015）。

1.3.2　母婴依恋

母婴依恋（maternal-infant attachment）是指母亲对于婴儿所产生的情感联结关系（Cranley，1981），包含认知表征、情感投入和行为互动。其中，认知成分为母亲对母亲角色及婴儿的知识和态度，情感成分为母亲对婴儿投入的情感资源和由此产生的感觉，行为成分为母亲与婴儿进行的互动。

1.3.3　成人早期依恋经历

成人早期依恋经历（adult-to-parental attachment experience）是指成人关于自己童年期与父母关系的记忆和心理表征。母亲早期依恋经历主要反映母亲对自己父母的依恋关系。

1.3.4　孕期抑郁与产后抑郁

孕期抑郁（pregnant depression）是指在妊娠期间出现的以郁闷、胆怯、空虚感、烦恼、愤怒、焦虑、自卑、沮丧、悲哀、绝望等一系列症状为特征的心理障碍。主要表现为食欲不佳、失眠或嗜睡、动作缓慢、对日常生活不感兴趣、精力不足、疲乏、自责，甚至有自杀企图，伴有忧伤悲痛的情绪。

产后抑郁（postparturm depression）是指产妇在分娩后出现的以抑郁、悲伤、沮丧、哭泣、易激怒、烦躁，甚至自杀或杀婴倾向等一系列症状为特征的心理障碍，是产褥期精神综合征中最常见的一种类型。产后抑郁通常在产后2周出现，其病因不明，可能与遗传、心理、分娩及社会因素有关。

1.3.5　婚姻质量

婚姻质量（marital quality）是个体对婚姻生活的主观感受及与配偶之间关系的评价。

1.3.6　婴儿睡眠

婴儿睡眠是一种相对于觉醒的行为状态，对外界环境缺乏感觉和反应，并可以唤醒。睡眠是新生儿最主要的生命活动，睡眠状况的好坏以及持续时间对于婴儿各方面的发展都非常重要。

第 2 章　文献综述

2.1　依恋

2.1.1　依恋的概念

依恋（attachment），一般是指某一个体对另一特定个体紧密持续的情感联结。依恋的概念最早是由英国精神病学家鲍比（Bowlby）于 1969 年提出的，特指婴儿与其主要抚养者（通常为母亲）之间所存在的特殊和强烈的情感关系。它产生于婴儿与母亲的互动过程中，是一种情感上的纽带，表现为婴儿对母亲的一种追随、依附和亲密行为以及由此带来的归属感和安全感。婴儿从 6 个月左右开始与主要照顾者（通常为母亲）建立依恋关系，直到 2 岁之前为儿童依恋建立的关键期。随着依恋关系的形成，婴儿在遇到陌生人或陌生环境时会感到恐惧、害怕，并寻求母亲（依恋对象）的保护与安抚；而当婴儿与母亲分离时，婴儿会产生分离焦虑（separation anxiety）（Wallin，2015）。随着依恋理论与研究的不断发展，依恋的概念也随之不断扩展，依恋不仅限于儿童与父母的情感联结，而且贯穿个人发展的一生，影响着青少年和成人与父母的持续关系，以及与同伴及伴侣的关系。

2.1.2 依恋类型

英国精神病学家鲍比被誉为"依恋之父"。20世纪50年代，他结合动物习性学的研究和自己对第二次世界大战后欧洲孤儿的研究，建立了依恋理论，用来解释儿童与依恋对象建立的紧密而持久的情感联结。鲍比（1973）认为，人类为了在一个"进化的适应性环境"中求得生存，生来就具有一种向最初的照顾者（通常是母亲）寻求和保持亲近的倾向。婴儿拥有一种向母亲保持亲密的行为系统。随着认知功能的发展，婴儿的这种与母亲不断交往的经历会内化成一种工作模型。这种"内在工作模型"（internal working model）逐渐被整合到儿童的人格结构中去，并影响儿童的行为。依恋对象是具有情感效用性和反应性的，这为婴儿提供了一种强烈的"安全感"，因此，婴儿可以把依恋对象作为一个进行探索活动的"安全基地"（security base）（Bowlby，1982）。他认为建立良好的依恋关系，不仅对于儿童的心理健康非常重要，也影响着儿童的认知、社会交往等方面的发展。

依恋理论的另一位重要奠基者是心理学家安斯沃思（Ainsworth）。作为鲍比的学生，安斯沃思（1978）对他的基本假设进行了实验研究。安斯沃思通过"陌生情境实验"对婴儿依恋的个体差异进行测量，把婴儿与照顾者之间的关系区分为三种不同的依恋类型，即：安全型、回避型和反抗型。后两种类型为不安全依恋类型。随后，梅恩（Main）等人（1986）又发现了混乱型依恋。与鲍比的理论相一致，这四种依恋类型的儿童在对照顾者的情感效应性和反应性方面存在着差异。梅恩、卡普兰（Kaplan）和卡西迪（Cassidy）认为依恋类型的个体差异可被认定为个体自我心理表征上的差异，是与依恋的安全性紧密联系的，不同类型的依恋关系反映了不同类型的内部工作模式，这种模式不仅驱动着儿童社会性人格、情感和行为的发展，而且驱动着其注意、记忆和认知的发展。

安斯沃思还关注到文化对于依恋的影响，最早进行了关于依恋的跨文化研究（胡平，孟昭兰，2003）。她认为，由于依恋具有保持物种进化的生物学意义，依恋对象的行为传递着所在文化的观念，因此，在人类社会中，人们生活的文化环境对依恋的形成存在一定的影响，进行依恋的跨文化研究就具有十分重要的意义。大量跨文化研究（钟鑫琪，静进，2007）的结果显示出文化对于依恋类型的重要影响。我国由于在文化传统、家庭结构、教育观念方面也具有与其他国家或地区的文化不同的特点，因而进行依恋的跨文化研究显得更加必要和有意义。

我国学者王争艳（2010）采用陌生情境法对 12~18 个月婴儿的依恋类型进行研究，发现 160 例健康婴儿中，安全型占 68.2%，回避型占 7.5%，反抗型占 21.8%，混乱型占 2.5%。可见安全型最多，占绝对优势；而在不安全型依恋类型中，反抗型最多，然后是回避型，混乱型则最少。该研究结果与我国胡平的报道较为相似。安全依恋类型的主导地位在各国的跨文化研究中都表现出惊人的一致性，即便在以贫穷著称的非洲国家，研究结果仍显示出 61.2% 的安全型依恋。安全型依恋极少低于 50% 的文化普遍性，从生物学的角度，具有保护人类生存和进化的作用。也有研究者提出，安全型依恋的主导地位亦是一个社区得以生存和发展的前提条件。比照跨文化研究的结果，不同的是不安全型依恋类型的分布。其中，同为西方文化背景的美国和德国都是以回避型依恋婴儿多见，反抗型依恋婴儿较少；而同为东方文化背景的日本、韩国都是以反抗型依恋婴儿多见，回避型依恋婴儿较少。这种差异与东西方不同的育儿文化有关。西方文化强调个体的独立性，儿童很小的时候，母亲就开始鼓励儿童表达自己的情感，鼓励其进行自主探索，因而反抗型婴儿较少，回避型婴儿相对较多。与之相反，东方文化强调集体的和谐性，母亲倾向于对儿童的需求即刻作出反应，以及通过与儿童的身体接触来降低儿童的消极反应，但并不鼓励儿童表达情感。她们期望儿童能与自己保持亲密关系和较少分离，着重培养儿童的团结顺从和相互依赖，使得儿童对母亲的情感和自身的要求相矛盾，矛盾情感多，故反抗型婴儿亦较多；同时由于母亲在儿童年幼时几乎都不工作，参与照顾儿童的生活较多，儿童根本不能无视母亲的存在，所以回避型婴儿较少。

2.1.3　依恋的影响因素

鲍比关于依恋理论的构建以及安斯沃思对婴儿依恋类型进行测量的陌生情境法的创建，大大推动了研究者对于依恋领域的研究，特别是有关婴儿依恋的影响因素及其神经心理机制等的研究。

安斯沃思的经验性研究发现，婴儿的依恋类型与抚养品质相对应，安全型儿童的母亲多能保持一致的、稳定的、合作的、敏感的、易接近等特性，对儿童发出的信号极为敏感，并能及时恰当地回应，乐于与儿童亲密接触；而回避型婴儿的母亲倾向于拒绝和不敏感，有时对儿童缺乏耐心、反应迟钝，常常表现消极；反抗型婴儿的母亲虽然也愿意与儿童进行亲密的接触，但常常错误地理解儿童的需求，不能形成与儿童和谐相处的节奏；混乱型婴儿的母亲常常虐待儿童，对儿童的看护不连贯和不规律，母亲对儿童的情感矛盾，常常表现出强烈的亲近和强烈的回避行为，因而致使儿童的情感也变得混乱和矛盾。据此，安斯沃思指出"母亲良好的敏感性是安全型母婴依恋形成的一个关键因素"，并将母亲的敏感性（sensitivity）定义为：母亲在看护行为中对孩子的生理需求和情感信号等能否准确感知，并及时恰当地作出回应。

近年来，研究者发现敏感性并不能很好地解释依恋模式的形成，所以有研究者尝试用梅因提出的母亲的"将心比心"（mind-mindedness）来解释依恋模式的形成。1997 年，梅因提出了"将心比心"的概念，并将其定义为："父母把孩子看作有独立心理的个体的倾向，表现为使用心理特征的语言来描述孩子的倾向。"梅因认为根据安斯沃思提出的母亲的敏感性概念，一个敏感的母亲不仅能够感知到儿童的信号，而且能够正确地解释它们，这就需要理解儿童的心理状态。因此母亲对婴儿的"将心比心"是敏感性的一个先决条件，并且能够预测依恋的安全性。梅因使用母亲的"将心比心"来描述母亲把婴儿看作有独立心理的个体的倾向性，而不仅仅是把婴儿看作一个满足基本需要的个体。"将心比心"这一概念极好地说明了安斯沃思等人对敏感性母亲和非敏感性母亲的区分。也就是说，倾向于"将心比心"的母亲对婴儿"正在进行的心理工作"非常敏感，并且希望改变自己的行为来对婴儿的信号做出反应。总之，"将心比心"是母亲对婴儿的一种认知倾向，从某种意义上说它是敏感性的更为深层的心理机制。研究发现，它能够预测婴儿依恋的安全性，并且和儿童的语言能力、表征能力的发展以及心理理论等密切相关。

此外，卡根（Kagan）则注意到1岁婴儿安全型、反抗型、回避型依恋的百分比与容易型、困难型、启动缓慢型总体气质特征的百分比有相当高的一致性。据此，卡根提出了"气质假说"，认为：陌生情境法测量的婴儿依恋其实是婴儿气质上的个体差异，婴儿气质能解释其在陌生情境中的依恋行为反应的差异性。具体来说，容易型气质的婴儿更易于被归为安全型依恋，而困难型则易被归为反抗型依恋，启动缓慢型易被归为回避型依恋。卡根指出：气质在儿童依恋形成与发展中的意义在于，它是影响儿童行为的动力特征的关键因素，它在很大程度上赋予儿童依恋行为以特定的速度和强度，制约着儿童的反应方式与活动水平。史蒂文森（Stevenson）等人通过在实验室情境中，对回避型和反抗型婴儿的母亲与婴儿的交往过程进行观察，发现她们在敏感性上与安全依恋型婴儿的母亲并无显著差异，只是这些母亲报告她们更焦虑而且对婚姻较少感到满意。近年来，父母婚姻质量以及母亲自身的情绪和人格特征等对婴儿依恋关系的影响亦引起了越来越多研究者的关注。

最后，儿童一出生就处在特定的文化氛围之中，诸多依恋的跨文化研究结果表明，不同文化背景下的婴儿依恋类型的分布也表现出文化差异。与其他因素相比，文化对儿童依恋发展的作用更具有间接性。它通过影响社会与家庭结构、父母抚养方式与教育方式等渗透到儿童的具体成长过程当中，使儿童的依恋质量及其类型分布呈现出一定的文化特色。

2.1.4　依恋的代际传递性

依恋的代际传递性是理论在 20 世纪末的重大发展。瓦尼岑多恩（VanIjzendoorn）（1995）将其定义为："根据特殊照料者（常常是父母）有关依恋的心理状态可以预测婴儿与特殊照料者之间依恋关系的安全性。"我们可以对其做如下的理解：父母的依恋模式和婴儿的依恋模式有一定的关联，父代的依恋模式对子代的依恋模式有一定的预测性。换言之，依恋模式在父代和子代之间可以传递。一般认为，婴儿往往会和父母有类似或相同的依恋模式。研究发现，依恋具有传递性，如果儿童早期与父母形成安全依恋，在儿童长大为人父母时，也更加容易和自己的孩子形成安全依恋，反之亦然（陈琳，桑标，2005）。

根据鲍比（1982）的依恋理论，儿童时期与父母交往的经历使个体形成了有关自我与他人的"内部工作模型"（internal working model，IWM）或者说"内部心理表征"并整合到个性结构中去，成为个性结构的一个组成部分，这一工作模型会影响到其后为人父母时对孩子的行为。这种工作模型有一种稳定的倾向，一旦建立起来就倾向于永久。根据鲍比（1969，1982）的观点，人类依恋"从出生到死亡都起着重要的作用"。安斯沃思（1989）在获得美国心理协会科学贡献奖时演讲的题目是"婴儿期后的依恋"，她也讨论了青少年和成人与父母的持续关系，他们与亲密朋友的关系，以及依恋在异性和同性情侣中的作用。所以成人也有依恋，所谓成人依恋是指成人有关童年依恋经验的一种心理状态，与早期依恋不同的是，它不仅是建立于童年依恋经历的事实之上，更是建立在成人目前对早期依恋经历的评价之上。梅恩与其同事（1985）设计了成人依恋访谈（AAI）来评估成年人儿童时期的依恋关系，通过个体对其早期童年经历的描述，评价这些经历和体验对其当前个体人格及其他心理、社会功能的影响，来确定成人依恋的风格与类型。艾伦（Allen）和豪瑟（Hauser）（1996）认为成人在 AAI 中的四种依恋类型与婴儿在"陌生情境"中表现出来的四种依恋类型具有一一对应的关系。成人的自主型（autonomous with regard to attachment）、冷淡型（dismissing of attachment）、专注型（preoccupied withattachment）、未确定型（unresolved with respect to a loss or a trauma）分别对应于婴儿的安全型、焦虑回避型、焦虑矛盾型、混乱型。王朝等人（2012）在遵循成人依恋访谈技术的基本原理、编码方案、计分和分类方法的基础上，以 AAI 访谈中的四个心理状态分量表为框架，编制了成人对父母的依恋经历问卷。

2.2　母胎依恋

2.2.1　概念界定

母胎依恋是一种母亲对于胎儿所产生的情感联结关系，包含认知表征、情感投入和行为互动。其中,认知成分为母亲对怀孕母亲角色及胎儿的知识和态度,情感成分为孕妇对期望中的胎儿投入的情感资源和由此产生的感觉，行为成分为母亲与胎儿进行的（如说话、抚摸、起名字等）互动（丁雪辰，桑标，李丹，2015）。

2.2.2 概念的由来与发展

依恋（attachment）是由鲍比在 1969 年首次提出的，原指婴儿与主要照顾者（通常指母亲）之间建立起来的强烈而持久的情感联结。依恋理论最早用于解释在与母亲分离时儿童生理和心理上的遭遇。在与照顾者的互动中，婴儿的安全感得到了满足，并促使其有能力与信心进行其他的活动（Ainsworth，1989）。依恋的内部机制被称作"内部工作模型"（internal working model）。婴儿在六个月左右开始发展自己的"内部工作模型"，并逐渐形成特定的依恋类型，如安全型依恋、焦虑—回避型不安全依恋、焦虑—反抗型不安全依恋、混乱型不安全依恋。依恋是幼儿早期生活中最重要的社会关系，关系着幼儿的社交、情感和认知的发展（Rossen，et al.，2016）。依恋对于人类的重要性并不仅限于儿童期，青少年和成年人的人生意义也建立在依恋关系的基础上，因为人的一生都在寻求安全感（Henderson，1982）。

依恋也是怀孕过程的重要部分。多伊奇（Deutch）、比布林（Bibring）与本尼德克（Benedeck）三位女性心理学家将依恋理论运用到母胎依恋的发展上。她们认为母胎依恋是孕期母亲将自己的心理能量投入到胎儿的过程，在怀孕过程中母亲越来越感觉到胎儿作为独立个体的存在（Benedek，1959；Benedek，Liebman，1958；Bibring，1959；Bibring，Dwyer，Huntington，Valenstein，1961；Deutch，1945）。Winnicott（1958）提出"初期母亲的全心投入"，强调女性通过对于未出生孩子的投入来辨别孩子的需要，保护他，爱他，与他建立情感联结。随后，研究者开始关注到母亲与新生儿早期分离的危害，并探索加强母婴依恋的方法（Klaus，Kennell，1970）。鲁宾（Rubin）（1975）关于母亲角色适应的研究为母胎依恋理论的建构奠定了基础。她认为母亲角色适应的过程是在孩子出生之前就开始了。她总结了孕妇在怀孕过程中的四个任务。

（1）母亲要为自己和孩子寻找安全的通道。

（2）确保孩子可以被重要他人接受。

（3）与胎儿合为一体。

（4）奉献自己。

她虽然没有使用"依恋"的概念，但已对母胎依恋做了明确的描述——"在孕中期结束时，孕妇一般可以意识到胎儿的存在，并对胎儿产生情感依恋，认为胎儿对自己很重要、很宝贵，也为此感到愉快和骄傲"（Ruben，1975）。由此，关于母胎依恋的研究才逐步开展起来。

20世纪80年代，在借鉴前人研究的基础上，克兰克（Cranley）（1981）首次提出了对母胎依恋的界定：母胎依恋是一种母亲与胎儿的从属（affiliation）与互动（interaction）关系，体现在对胎儿的归因特点与意图、自我变化、母胎间互动、奉献、筑巢和角色承担六个方面的行为。穆勒（Muller）（1993）挑战了克兰利的定义，运用演绎法将母胎依恋的概念重新界定。她认为母胎依恋是一种独特的情感型关系（unique and affectionate relationship），主要与母亲的归因特点、互动、想象、分享及情感相关。康登（Condon）（1993）认为母胎依恋的核心体验是"爱"，由"爱"发展而来五种需要。孕母要了解、陪伴胎儿，避免分离或丧失，保护胎儿，辨别和满足胎儿的需要。

桑德布鲁克（Sandbrook）（2008）认为母胎依恋是孕母与胎儿之间的发展中的亲密情感关系，是一种心理与生理的综合产物。他认为母胎依恋的核心并不是爱，而是母亲保护腹中胎儿的需要。这种需要促使母亲行为改变以确保为胎儿营造最佳的子宫环境和避免对胎儿的健康威胁。

谢（Shieh）等人（2010）对已有概念界定进行系统分析，发现"母胎依恋"概念中包括以下三个方面的内容：一是认知性依恋，即母亲想要认识、理解或定义胎儿的行为，孕母通过想象、对胎儿的概念或归因特点形成关于胎儿的图像；二是情感性依恋，即孕母对胎儿的情感、态度以及在与胎儿互动中产生的情绪情感体验；三是利他性依恋，即孕母对胎儿的保护行为和为胎儿出生所做的积极准备。

在此基础上，学者们试图将认知、情感、行为方式整合到母胎依恋的操作定义中。多恩（Doan ）和默尔曼（Zimerman）（2009）认为母胎依恋是一个概括孕母与胎儿从属关系的抽象概念，与形成胎儿概念的认知和情感能力有关，并在一个生态系统中发展变化。国内的研究者丁雪辰等（2013）提出母胎依恋是一种母亲对于胎儿所产生的认知表征、情感投入和行为互动关系。本文借鉴与采用的是丁雪辰等人关于母胎依恋的概念界定。

2.2.3 "依恋说"与"关系说"

大多数研究者支持"依恋说"，因为母亲与胎儿的关系中蕴涵的情感联结与依恋十分类似，他们将其视作孕妇对于胎儿所产生的依恋，并称之为母亲 - 胎儿依恋或胚胎依恋（prenatal attachment）。但是，也有研究者（Walsh，2010）提出了不同的观点，认为"关系说"更为准确。

"关系说"的支持者强调依恋的本质是依恋者对于依恋对象寻求慰藉与照顾，而在母亲与胎儿的关系中，母亲是照顾者，胎儿是被照顾者，并不存在母亲向胎儿寻求慰藉，胎儿也无法给予母亲照顾。实际上，一些研究将母胎依恋现象用较少心理学意义的"关系"（relationship）概念代替。但是，"关系说"中对于母胎之间互动关系的否定实质上缩小了概念的内涵和外延。

"依恋说"的支持者认为，依恋的本质并不是照顾与被照顾的互动过程，而是情感上的联结。在怀孕过程中，母亲对于胎儿的情感依赖逐渐增加，而胎儿对于母亲的情感慰藉作用也越来越明显，胎儿的存在本身就会给予母亲安全感。另外，母亲与胎儿之间并不是"关系说"所认为的单向关系，而是一种母胎之间的互动关系，母亲所感受到的胎动等都是胎儿向母亲发出的信号。因此，笔者认为"依恋说"更准确地描述了母亲与胎儿之间的关系。

2.3　母胎依恋的功能

2.3.1　促进母亲的孕期适应

母胎依恋是评估孕妇在孕期身心适应方面的重要指标。对每一位女性而言，怀孕的过程都是生理与心理的双重挑战。生理方面，激素水平的巨大变化、孕早期的恶心呕吐等妊娠反应、子宫逐渐膨大带来的泌尿系统的一系列变化，以及身体意象的变化都会伴随母亲的整个孕期。心理方面，女性怀孕所带来的社会关系、家庭角色的巨大变化，都会使孕妇感受到来自社会和家庭的巨大压力，进而产生焦虑和抑郁等消极情绪。

而母胎依恋的水平如何，反映了孕妇自身对于母亲这个家庭新角色的接纳程度。母胎依恋水平越高，孕妇对于母亲角色的接纳程度就越高，而对于孕期身心变化的适应情况也会越好。很多研究（Muller，1993；Sandbrook，2009）都支持了这个观点。研究结果表明，母亲的孕期适应情况与母胎依恋的水平呈显著正相关。

2.3.2　维护胎儿的健康发展

母亲在孕期的行为习惯与母胎依恋存在着紧密的联系，而母亲怀孕期间的行为习惯的健康与否将直接影响到胎儿的健康发展，因此，良好的母胎依恋关系是维护胎儿健康成长的保障。林格伦（Lindgren）（2001）的研究发现，母胎依恋的水平越高，母亲怀孕期间的行为习惯越健康，健康的行为习惯包括正常的饮食、锻炼、睡眠、药物酒精使用以及产检。塞格门（Sedgmen）等人（2006）的研究也发现，无论是吸烟还是饮酒的行为，都会随着母胎依恋水平的升高而减少。母胎依恋对于胎儿的健康发展具有重要意义。在怀孕阶段，良好的母胎依恋可以促进孕妇对母亲角色的认同，保障构建有利于胎儿生长发育的宫内环境，使孕母和胎儿在心理生理方面得到极大满足，从而提高妊娠质量。

2.3.3　奠定产后亲子关系的基础

母胎依恋的健康发展对产后亲子关系的建立与发展具有基石的作用。母胎依恋的发展水平对于产后母亲的照顾行为有一定的预测性。例如，母胎依恋与产后母亲哺乳行为呈正相关，母胎依恋水平越高，母亲产后选择母乳喂养的可能性越高，母乳喂养的时间越长（Foster，Slade，Wilson，1996）。母胎依恋也与产后母亲的敏感性紧密相关，母亲的母胎依恋水平越高，其产后在与婴儿游戏情境中及喂养情境中所表现的敏感性也越高（Maas，Janneke，Cock，et al.，2016）。另外，母胎依恋的发展水平对母婴依恋情况具有一定的预测性。穆勒（1996）追踪了孕妇从孕晚期到产后 1~2 个月的情况，发现母胎依恋与母婴依恋紧密相关。达马特（Damato）（2004）也做了类似的研究，并支持了穆勒的结论。因此，亲子关系的建立并非始于孩子的出生，而是在孕期就已经开始了。如果母亲能在怀孕期间发展出积极健康的母胎依恋关系，将为产后亲子关系的建立奠定良好的基础。

2.4　母胎依恋的测量

2.4.1　母胎依恋量表

母胎依恋量表（MFAS）由克兰利（1981）提出，是在查阅文献、与产前保健专家交流讨论的基础上构建的。量表条目的设置不仅依据孕母感受，还取决于专家对孕母情感、行为变化的预测。母胎依恋量表（maternal-fetal attachment scale，MFAS）由自我变化、母胎间互动、归因特点与意图、奉献、角色承担及筑巢 6 个分量表（共 37 条目）构成。1988 年，康登等对其做了修改，删除了筑巢（Nesting）分量表及其 13 个条目，形成由 5 个分量表（24 条目）构成的改良 MFAS。由于 MFAS 概念构架太过宽泛，各分量表可信度不高（克隆巴赫系数＜ 0.7），内容设置更倾向于孕母对妊娠状态的态度而非腹中胎儿等，其有效性及可信度也受到学者们的质疑（Kemp，Page，1987；Mercer，et al.，1988；Zachariah，1994）。

2.4.2　产前依恋问卷

穆勒（1993）认为，依恋关系是孕期孕母与胎儿间建立起来的独特的、情感型关系，强调关系中的归属和依恋情感。1993 年穆勒在依恋 S（Cranley，1981）的基础上，通过对以往文献的研究制成单维度、由 29 个条目构成的产前依恋问卷（PAI）。1999 年贝克（Beck）对 PAI 进行了相应的修改，形成了由归因特点、互动、想象、分享及情感 5 维度 27 个条目构成的 PAI（Cronbach's alpha = 0.81）。但是，在结构效度方面，贝克发现母胎依恋与孕期适应并无明显相关，对其理论假设产生质疑。

2.4.3　母胎依恋关系量表

由康登（1993）提出，以"情感联系、心理契约"作为依恋的概念基础，认为"爱"是依恋关系的核心，通过对以往文献的研究和与准父母的非结构式访谈加以构建。由情感体验、关注强度 2 个维度，共 19 个条目构成，其 Cronbach's alpha = 0.82。母胎依恋关系量表（Maternal Antenatal Attachment Scale，MAAS）根据总分高低将依恋划分为四型：健康型、积极型、不参与或低参与型、消极型。孕产妇产前依恋量表设置中有关母胎关系与孕母对妊娠状态的态度有了更加明确的区分，聚焦于对胎儿思想、情感而忽略了妊娠状态或母亲角色。康登对母胎依恋量表进行了严格的统计测试，证明其有效且可靠，且问题简单、条目较少，可行度高，方便应用于临床评价及科研研究。

2.5   母胎依恋的理论

20 世纪 80 年代，研究者（Cranley，1981；Condon，1993；Muller，1993）开始借鉴依恋理论（Bowlby，1969；1988），将这种情感联结定义为"母胎依恋"。克兰利（1981）基于自己产科领域的经验建构了母胎依恋关系，她认为这个概念会在母亲 5 个月或晚些产生，因为那时母亲已经对胎儿有了生理和运动感觉的认识，或再晚些就会产生对于孩子的认知。母亲关于胎儿的感知在建立母亲对于未出生孩子的依恋方面似乎很重要（Stainton，1990；Siddiqui，et al.，1999）。这种重要性表现在母胎依恋与婴儿依恋的类型是有关的（Muller，1996），而婴儿早期的依恋模式对于孩子未来的发展有重要影响（Bowlby，1969）。

2.5.1   克兰利的理论

克兰利（1981）发展出母胎依恋的概念，认为母胎依恋是一种母亲与胎儿的从属（affiliation）与互动（interaction）关系。基于大量文献研究与部分心理动力学理论，她最早提出母胎依恋是由自我变化、母胎间互动、归因特点与意图、奉献、角色承担及筑巢 6 个方面组成的。自我变化（differentiation of self）是指母亲是否将胎儿区分为独立个体，正如拉姆利（Lumley）的（1972）人格理论（personhood theory）；母胎间互动（interaction with the fetus）是指那些母亲将带给胎儿影响的特定行为；归因特点与意图（attributing characteristics and intentions to the fetus）是指母亲是否假定胎儿是有性格的以及母亲是否会推断胎儿运动的原因；奉献（giving of self）是指母亲为胎儿所做的牺牲以及对于这些牺牲的感受；角色承担（role-taking）是指对于母亲角色的内化与认同；筑巢（nesting）是指母亲为孩子出生后的物质和空间所做的准备。

2.5.2　穆勒的理论

穆勒（1993）认为依恋是母亲怀孕过程的重要元素之一。对母亲而言，胎儿不仅带来了家庭关系、责任、未来计划的改变，更带来了孕妇身体和关注点的转变。母胎依恋将在母亲怀孕的 9 个月内不断发展，并参与"母亲生命的重要转变与重建"（Mercer，1986）。在依恋理论的基础上，穆勒提出了自己的母胎依恋模型（见图 2.1）。穆勒（1993）将母胎依恋关系描述为孕母与胎儿间建立起来的独特的情感关系，强调关系中的归属和依恋情感。其中，早期依恋经历形成了母亲自己的依恋内部表征，依恋内部表征形成了母亲自身的依恋类型。在人际交往中，依恋体现在自身与家庭成员、伴侣和朋友的依恋关系上。因此，母亲早期依恋经历会对母胎依恋产生直接影响，也可以通过夫妻关系对母胎依恋产生影响。另外，孕母与伴侣的依恋质量越高，母胎依恋的水平越高，孕母孕期适应得越好。与此同时，孕母孕期适应的情况也会影响母胎依恋的发展，即孕母孕期适应得越好，母胎依恋的水平越高。该模型的优点是在依恋理论的基础上建构起早期依恋经历、亲密关系、孕期适应与母胎依恋的关系。但是，该模型忽略了孕母个体因素等对母胎依恋的影响，对母胎依恋的解释力不足。

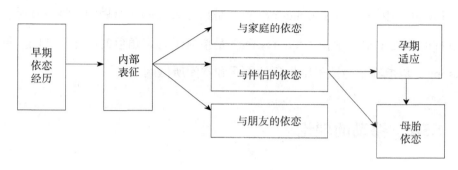

图 2.1　穆勒的母胎依恋模型

2.5.3　康登的母胎依恋等级模型

康登（1993）将成人依恋模型应用于母胎依恋中，提出了母胎依恋等级模型（见图 2.2）。他认为母胎依恋的核心体验是"爱"，故而位于模型的第一层。第二层是由"爱"发展而来的五种需要。母亲要了解、陪伴胎儿，避免分离和丧失，保护胎儿，辨别和满足胎儿的需要。其中，"了解"（to know）是对胎儿的好奇和形成详细的胎儿意象的需要，需要驱动下会产生信息收集的行为；"陪伴"（to be with）是与胎儿互动的需要，通常孕妇会抚摸胎儿、跟胎儿说话；"避免分离和丧失"（to avoid separation or loss）是包括想象和现实中与胎儿的分离和丧失；"保护"（to protect）是避免或停止对胎儿的伤害，如吸烟的孕妇会为了胎儿戒烟；"辨别和满足胎儿的需要"（to identify and gratify needs）可能会使孕妇关注自己的饮食，以保障胎儿的营养摄取。第三层是由 5 种需要驱动的行为。但是，需要是否会转化为行为，是由众多因素共同作用的结果。

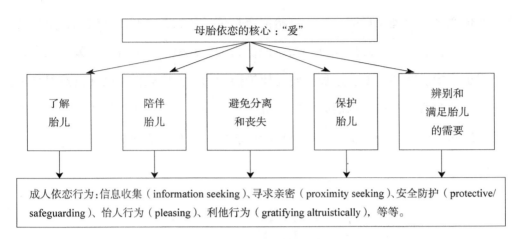

图 2.2　康登的母胎依恋等级模型

在母胎依恋等级模型的基础上，康登（1993）发展了测量母胎依恋的工具——母胎依恋关系量表。他针对 15 对夫妻进行访谈并由此归纳总结抽取出量表条目，然后随机抽取 112 名孕妇填写问卷进行验证。因子分析的结果呈现出两因子的结构。一个因子是依恋的质量，包含对胎儿的积极或消极情感，代表了母胎依恋的方向；另一个因子是依恋的强度，代表了孕期母亲对胎儿所投入的时间和精力。该模型提出的五个因素与量表的维度不一致，需要进一步验证模型的有效性。另外，母胎依恋是一种发展变化中的关系，而成人依恋是相对稳定的，该模型以成人依恋模型为基础并不恰当。

2.5.4　桑德布鲁克的母胎依恋多维模型

桑德布鲁克（2009）借鉴了鲍比关于依恋发展的心理—生理模式，提出了母胎依恋多维模型（见图2.3）。母胎依恋是孕母与胎儿之间发展的亲密情感关系，是一种心理与生理的综合产物。他认为母胎依恋的核心并不是爱，而是母亲保护腹中胎儿的需要。这种需要促使母亲行为改变以确保为胎儿营造最佳的子宫环境和避免对胎儿的健康威胁。母胎依恋在孕早期还比较模糊，因为母亲需要时间接纳怀孕的事实，也需要平衡可能失去胎儿所带来的恐惧对妊娠反应的减弱。

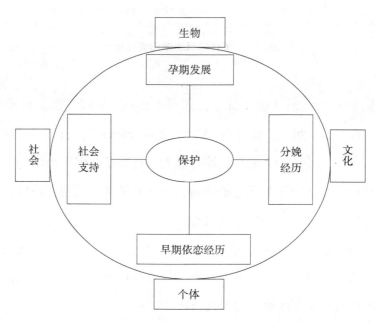

图 2.3　桑德布鲁克的母胎依恋多维模型

母胎依恋随怀孕过程自然产生与发展，并受到社会、文化和个体因素的重要影响。母胎依恋会促使母亲产生一种对于胎儿的自然保护行为，它的发展与社会期待、个体依恋经历和足够的社会支持相关。依据依恋的代际传递性，母亲自身的早期依恋经历会通过其依恋内部表征影响到她对胎儿的情感、认知和行为。早期依恋经历较好的孕妇会对胎儿的态度更为积极。持续不断的社会支援是母胎依恋发展的基础。来自伴侣、家人和朋友的爱会使孕妇在心理和生理上受益。其中，伴侣的支持是最重要的。孕妇会寻找积极、稳定的伴侣支持。例如，孕妇会鼓励伴侣参与和分享孕期的变化，以促进他们对胎儿的依恋和保护行为。在生理方面，孕周、计划怀孕、孕史等均对母胎依恋的发展有影响。在怀孕的过程里，随着孕周的增加，母胎依恋的水平会逐渐上升。计划怀孕的孕妇的母胎关系更好，她们比意外怀孕的孕妇对胎儿表达出更多的情感寄托，也更享受怀孕的过程。具有难产或流产经历的孕妇，对再次怀孕的胎儿较难建立起良好的母胎依恋关系。因此，孕期发展、社会支援、分娩经历、早期依恋经历是影响母胎依恋发展的四个重要因素，分别归属于生物、社会、文化和个体四个方面。

2.5.5　理论述评

纵观以上几位研究者的理论模型论述，笔者认为母胎依恋是孕母与胎儿之间发展的亲密情感关系，是一种心理、生理、社会、文化共同作用的综合产物。一方面，孕期适应、婚姻质量、早期依恋经历、情绪等因素分别从生理、心理、社会三个方面对母胎依恋产生直接影响；另一方面，孕期适应、婚姻质量、早期依恋经历、情绪等因素之间也可能存在内在联系，早期依恋经历可能通过婚姻关系进而影响母胎依恋，而婚姻关系可能对孕期适应、孕妇情绪等产生影响。文化方面并不能独立直接地对母胎依恋产生影响，而是通过社会、心理因素对母胎依恋产生影响。而针对母胎依恋的核心上的分歧，笔者认为应该回到母胎依恋的定义上来，即母胎依恋是一种母亲对于胎儿所产生的情感联结关系，包含认知表征、情感投入和行为互动。其中，康登提到的"爱"属于情感投入，桑德布鲁克提到的"保护"属于行为互动。因此，两者都应包括在内。

总体来看，母胎依恋的理论发展是一个不断完善的过程。但是，母胎依恋理论仍处于初级阶段。母胎依恋概念模糊极大地影响了理论建构的进程。影响因素的多重与复杂也为理论建构增加了难度。因此，需要更多细致深入的研究来补充现有理论的不足。

2.6　母胎依恋的影响因素

母胎依恋受诸多方面的因素影响。其中，由于生理、心理、社会和文化四个方面的因素对母胎依恋影响的广度与深度而受到研究者的关注。

2.6.1　人口学与怀孕相关因素

从个体的角度来看，母亲的年龄、生产经历、家庭经济社会地位都可能对母胎依恋产生影响。其中，年龄越大的孕妇，其母胎依恋水平越低；初产妇比经产妇的母胎依恋水平更高；家庭经济社会地位越高的孕妇，其母胎依恋水平也越高（Fisher，Hammarberg，Baker，2008；Siddiqui，Hagglöf，1999）。

怀孕过程中，随着孕周的增加，母胎依恋的水平会逐渐上升，并在孕晚期达到最高水平（Della Vedova, et al., 2008；Feldman, 2007）。费尔德曼（Feldman）2007）的研究发现，计划怀孕的孕妇，其母胎依恋的水平更高，她们比意外怀孕的孕妇对胎儿的情感寄托和精力投入都更多，也更享受怀孕的过程。Gaudet（2010）的研究发现，对于具有流产经历的孕妇，流产所处的怀孕阶段对再次怀孕时的母胎依恋情况具有显著的预测力，流产所处的阶段越晚，孕妇越难建立起对再次怀孕胎儿的母胎依恋关系。

然而，支持有关人口学与怀孕相关因素对母胎依恋影响的研究却很少。大部分研究结果表明，除孕周因素外，包括母亲年龄、计划怀孕、生产经历、文化程度、收入等人口学与怀孕相关因素在内，均未发现它们与母胎依恋之间的相关性（Barone，Lionetti，Dellagiulia，2014；Van den Bergh，Simons，2009；Yarcheski，et al.，2009）。

2.6.2 婚姻质量

怀孕过程中，母亲会对人际关系更加敏感，尤其是夫妻关系（Muller，1993）。来自伴侣的支持（Bouchard，2011；Hjelmstedt，et al.，2006；Schwerdtfeger，Nelson，2007；Siddiqui，et al.，1999）会提高母胎依恋的质量，伴侣之间互动多、凝聚力强更有利于孕妇与胎儿建立情感联结（Wilson，et al.，2000）。研究者针对婚姻质量做了大量的研究，发现婚姻质量与母胎依恋呈正相关（Alhusen，2008；Condon，Corkindale，1997；Salisbury，Law，LaGasse，et al.，2003）。

对孕妇而言，最重要的社会支持是来自伴侣的爱。费盖雷多（Figueiredo）等（2008）的研究表明，夫妻关系是促进孕妇发展变化与角色转变的重要因素。尤其是在孕妇心理脆弱、压力很大、发展受到挑战的时候，积极的夫妻关系可以帮助孕妇完成心理适应。辛普森（Simpson）（1999）认为如果丈夫可以营造愉快、支持性的夫妻关系，将会加强和提高孕妇与孩子互动中的敏感性。哈桑（Hazan）和沙弗（Shaver）（1987）进一步说明，对个体而言，安全和谐的两性关系是对夫妻双方最好的承诺，因此也会更好地向伴侣提供一致性的支持。

鲍比（1988）认为孕妇最希望得到来自伴侣的关心和支持。布鲁姆（Bloom）（1998）的研究支持了这个观点，研究发现随着怀孕进程的发展，孕妇会越来越多地表达对于伴侣关注的需要。这表明被爱的经历会提高女性爱的能力（Bowlby，1988）。韦斯特布鲁克（Westbrook）（1978）、默瑟（Mercer）（1986）的研究都发现良好的夫妻关系可以促进孕妇更好地适应孕期的生理与心理的转变。格尔丁根（Gjerdingen）和查洛纳（Chaloner）（1994）的研究有了进一步的发现，认为来自伴侣的支持可以影响女性的情绪健康和自信，来自伴侣的关心和照顾可以降低女性产后抑郁发生的概率。伴侣对于女性怀孕的积极态度和反应可以促进女性的孕期适应，促使其加强母胎依恋和母性行为（Siddiqui，et al.，1999）。夫妻冲突也会直接对母胎依恋产生影响。费盖雷多等人（2008）对43对处于孕中期的夫妻进行了追踪研究，结果发现夫妻关系的消极分数越高，孕妇的焦虑和抑郁的得分越高。

2.6.3　孕期抑郁

孕妇的心理健康对于母胎依恋有着重要的影响。其中，孕期抑郁是阻碍母胎依恋发展的重要因素之一（Rossen，et al.，2016）。研究证实孕期抑郁程度与母胎依恋关系水平呈显著负相关（Alhusen，et al.，2012；Goecke，et al.，2012；Lindgren，2001；McFarland，et al.，2011；Ossa，et al.，2012），即母亲孕期抑郁程度越低，通常母胎依恋关系水平越高（Lindgren，2001）。这些抑郁情绪会影响孕妇对于怀孕的反应，增加内心矛盾，她们也会在与伴侣的关系中有很强的控制欲，并较少参与到与胎儿的互动中。

无论是研究领域还是临床领域，相比产后抑郁，给予孕期抑郁的关注都相对较少，而它所造成的影响却是深远的。如果可以在孕期发现相关的人群并给予适当的帮助，将会减少其对母胎依恋发展所带来的消极影响，也会有利于产后抑郁、不良母婴依恋关系的预防。

2.6.4　母亲早期依恋经历

克勒（Cole）（1996）把怀孕过程描述为每一位母亲都需要经历的来自生理、心理与社会因素相互作用的危机。在初产妇中，对于自己能否担任好母亲角色的担心和怀疑普遍存在。阿马尼蒂（Ammaniti）（1994）认为这种担心和怀疑对于即将初为人母的女性是必要的，会促进她们角色的转变——从被保护者到保护者。而这个角色的转变也需要她们把自己的父母作为榜样（Durkin，Morse，Buist，2001）。

克兰利（1981）对 30 位处于孕晚期的孕妇进行了关于特质性焦虑和母胎依恋的结构访谈，并追踪其产后 3 天的情况。研究结果表明，孕妇认为自己的母亲是她们重要的养分来源。孕妇与自己母亲的接触较平时有所提高，尤其是孕晚期。而一些与母亲距离较远的孕妇会增加她们与母亲通电话的频率。撒迦利亚（Zachariah）（1994）认同这个观点，他认为孕期是女性建立自己与孩子的依恋关系的起点。女性与自己母亲的和解对于自己母亲角色的接纳和发展都具有十分重要的心理意义。

依据依恋理论，依恋具有代际传递性。母亲自身的早期依恋经历会通过其依恋内部表征影响到她对胎儿的情感、认知和行为。一般来说，自身的早期依恋经历较好的孕妇会对胎儿的态度更为积极，更重视与胎儿之间的情感联结，也更乐于与他人分享怀孕过程中的乐趣和对胎儿的幻想（Siddiqui, Hagglof, Eisemann, 2000）；但早期依恋经历较差的孕妇可能会对与胎儿建立关系感到困难（Schwerdtfeger, Golf, 2007）。必须指出，母亲早期依恋经历的影响困难并不是直接作用于母胎依恋，而可能通过对婚姻质量的调节作用进而影响母胎依恋（Bouchard, 2011）。

怀孕是女性探索自己依恋关系的催化剂，促使女性对自己与父母的关系进行评估，并将自己的情感投入到胎儿身上。拉特（Rutter）（1995）在研究中强调了回顾自己与父母关系的重要性，接纳那些痛苦与快乐的童年经历对于发展自己的母亲角色是十分必要的。古莱（Goulet）等（1998）的研究也支持了这个观点，认为父母为了更好地发展自己对于孩子的敏感性，就应该有意识地接纳自己童年的情绪情感。那些痛苦的记忆可以使个体进步，以更好地保护下一代（Rutter, 1995）。雷德肖（Redshaw）（2006）认为早期依恋经历较差的母亲可能会在与孩子接触时遇到困难。如果她们可以更清晰地理解自己的成长经历，并对这种早期依恋经历所造成的影响进行充分讨论，她们可能会成为更好的母亲。通过与伴侣建立积极的依恋关系或与专业治疗师建立一种治疗关系，她们不良的原生家庭模型可以得到改善。

2.6.5　文化

文化观念、育儿习俗和生育政策也会对母胎依恋的发展产生不可忽视的影响。一些跨文化研究结果表明，母胎依恋确实受到文化与情境的影响，女性对于怀孕和胎儿的反应，与她们所处社会的文化传统和习俗经验紧密相关（Bateson，Mead，1942；Zimerman，Doan，2003）。

比拉夫斯卡·巴托罗维奇（Bielawska-Batorowicz）与西迪基（Siddiqui）（2008）提出了不同的观点，他们认为虽然女性对于怀孕和胎儿的态度会因为受到不同文化和社会期待的影响而不同，但是大家对于依恋的认知是相似的，作为一个心理过程，母胎依恋的发展过程具有跨越文化和种族的普遍性。他们在研究中对瑞典与波兰的处于孕晚期的孕妇的母胎依恋水平进行比较，研究结果表明，虽然波兰孕妇的母胎依恋水平更高，但两国母亲对母胎依恋概念的认识是相似的。肖格伦（Sjogren）等人（2004）的研究发现，相比经产妇，社会期待对初产妇的影响程度更高。这个结果表明，初产妇更愿意在孕期满足他人和社会对于母亲的期待。

作为东方文明古国，我国有着与西方国家不同的文化观念和育儿习俗。"传宗接代""无后为大""重男轻女""男主外，女主内"等观念仍然不同程度地影响着女性对于生育的态度以及母胎依恋的发展。而在生育政策方面，实施了三十多年的"独生子女"政策刚刚结束，"二胎"生育政策也逐渐开始施行。站在这个历史的转折点上，我们有必要将两种政策考虑在内，这对于理解中国当代女性母胎依恋关系的现状、特征以及成因都有着重要的意义。

2.6.6 总结

由上述可知，母亲早期依恋经历、孕期抑郁、婚姻质量、文化都与母胎依恋之间呈不同程度的相关关系。因此，有必要对中国文化背景下的母胎依恋状况进行调查，探索婚姻质量、母亲早期依恋经历、孕期抑郁是否会对母胎依恋产生影响，以及如何影响。

然而，抑郁与婚姻质量以及早期依恋经历与婚姻质量之间均有着十分密切的关系。婚姻质量对女性抑郁有显著的负向预测作用，即婚姻质量越差，女性抑郁症患者的抑郁程度可能越严重（薛伟，2015）。早期依恋经历会对婚姻质量产生显著影响，即早期依恋经历越差，其婚姻质量可能越差（讲琴，2003）。

考虑到抑郁、早期依恋经历与婚姻质量的复杂关系，不能单一地考察孕妇的抑郁对母胎依恋的影响，或早期依恋经历对母胎依恋的影响，抑或婚姻质量对母胎依恋的影响，而是需要考察孕妇的抑郁、早期依恋经历和婚姻质量三者对母胎依恋的综合影响。一方面，婚姻质量对孕期抑郁有直接影响（薛伟，2015），进而可能对母胎依恋产生影响。孕期的女性对人际关系会更加敏感，不良的婚姻关系使孕妇无法从伴侣那里获得支持，导致孕期抑郁情绪的产生或加剧，从而对母胎依恋产生消极影响。因此，孕期抑郁可能在婚姻质量与母胎依恋之间起中介作用；另一方面，对于婚姻质量与母胎依恋之间关系进行研究后可发现，孕妇的早期依恋经历可能在两者之间起调节作用。根据穆勒提出的母胎依恋模型，早期依恋经历形成了孕妇自己的依恋内部表征，会对婚姻关系产生重要影响，进而影响母胎依恋。布沙尔（Bouchard）（2011）的研究证实了这一点。早期依恋经历较差的孕妇，婚姻质量与母胎依恋之间呈显著正相关；早期依恋经历较好的孕妇，婚姻质量与母胎依恋之间的相关性不显著。综上所述，孕期抑郁、早期依恋经历、婚姻质量与母胎依恋四者之间可能存在调节作用、中介作用，抑或是两种作用并存，这有待于进一步的研究检验。

2.7　母胎依恋与产后发展的关系

2.7.1　母婴依恋

1. 母婴依恋的概念界定

母婴依恋是指母亲对于婴儿所产生的情感联结关系（Cranley，1981），包含认知表征、情感投入和行为互动。其中，认知成分为母亲对母亲角色及婴儿的认识和态度，情感成分为母亲对婴儿投入的情感资源和由此产生的感觉，行为成分为母亲与婴儿进行的互动。它是婴儿建立自身依恋系统的基础，关系着婴儿的社交、情感和认知的发展（Rossen, et al., 2016）。母婴依恋的质量越高，在与婴儿的互动中，母亲通常会更敏感、更积极（Kumar，1997）。

母婴联结（mother-infant bond）与母婴依恋关系两个概念在文献中存在互用的情况。母婴联结是指母亲与新生儿建立情感联结的过程，通常包括对新生儿的情感和养育互动行为。在概念界定中，常出现与"母亲心理健康""养育能力"等概念之间的边界不清（Bicking Kinsey，Hupcey，2013）。母婴联结是由克劳斯（Klaus）和肯奈尔（Kennell）在1976年出版的 *Maternal-Infant Bonding* 一书中首次提出。他们由动物实验发现产后的最初阶段（几天甚至几小时）是建立母婴联结的"敏感期"（sensitive period）。此敏感期可能存在生物基础，与先天的内部依恋机制有关（Bicking Kinsey，Hupcey，2013）。由于，"母婴联结"概念界定模糊、缺乏研究证据，所以，本书采用"母婴依恋关系"概念进行论述。

另外，本书探讨的母婴依恋的概念要与婴母依恋（infant-mother attachment）的概念区分开，后者也常被称作母婴依恋，但其实质是指婴儿对其母亲所产生的情感联结。

2. 母胎依恋与母婴依恋的关系

母亲对于孩子的依恋并不是在孩子出生之后才开始的，而是在母亲怀孕期间就产生了（Cranley，1981）。因此，母婴依恋是由母胎依恋关系发展而来，并受母胎依恋的影响。来自美国（Müller，1996）、荷兰（van Bussel，Spitz，Demyttenaere，2010）的研究均发现母胎依恋与母婴依恋之间存在显著的正相关，进一步的研究也支持了母胎依恋对母婴依恋的预测效力（Siddiqui，Hägglöf，2000）。良好的母胎依恋关系体现了孕妇与胎儿的情感联结的紧密程度，也反映了孕妇对母亲角色的适应与接纳程度，这些都会有助于母亲与婴儿依恋关系的发展。但是，克兰利（1981）与威尔逊（Wilson）等（2000）的研究并未发现两者之间的相关。上述研究结论的差异性提示我们，母胎依恋对母婴依恋的影响可能受到其他变量的影响，需要更多的研究来验证母胎依恋与母婴依恋之间的关系。

与此同时，产后抑郁、婚姻质量等因素对母婴依恋也有着至关重要的影响。产后抑郁程度与母婴依恋水平呈显著负相关（Damato，2004；Goecke，et al.，2012；Ohoka，et al.，2014）。产后抑郁的母亲常被描述为消极的、沉默寡言的、无反应的和侵入性的形象（Field，1998；Field，2010）。她们会给婴儿传递更多的负性情绪，从而对母婴互动产生消极影响。进一步的研究发现，即使母亲的抑郁程度未达到临床诊断水平，它仍然会对婴儿的行为发展产生阻碍（Moehler，et al.，2007）。

对于产后阶段的女性，来自伴侣的爱与支持也是十分重要的。积极的夫妻关系可以帮助母亲克服心理的脆弱与压力，更有意愿、有自信地照顾婴儿。辛普森（1999）认为如果丈夫可以营造愉快、支持性的夫妻关系，将会加强和提高妻子与孩子互动中的敏感性。哈桑和沙弗（1987）进一步说明，对个体而言，安全和谐的两性关系是对夫妻双方最好的承诺，因此也会更好地向伴侣提供一致性的支持。婚姻质量与母婴依恋水平呈显著正相关（Carlson，2003；Danielle，Rhonda，2016；Parade，et al.，2014）。婚姻质量越高，意味着母亲产后的家庭氛围越好，得到来自伴侣的支持与关怀越多。因此，母亲产后也愿意在与婴儿的互动中投入更多精力，并对于母亲角色的适应和转变更快。

2.7.2　产后抑郁

产后抑郁是女性在产后阶段比较常见的情绪障碍。国内产后 42 天抑郁的发生率为 10%~15%，且孕期抑郁对产后抑郁有较强的预测效度（陈焱等，2006；彭敏和陈燕桢，2012；张红等，2009；张颖，2008）。一些研究（Priel，Besser，1999）发现母胎依恋与产后抑郁紧密相关，且母胎依恋对产后抑郁具有一定的预测性。母胎依恋水平越低，母亲产后抑郁的可能性越高（Ohara，et al.，2016；Rossen，et al.，2016；Yoshida，et al.，2012；Hart，McMahon，2006；Ohoka，et al.，2014；彭敏和陈燕桢，2012）。母胎依恋水平较低的孕产妇会在母亲角色适应方面遇到困难，无法在情感和精力上对孩子全心投入，由此而产生内疚感、挫败感，也会加剧母亲在产后的抑郁状况（Hart，McMahon，2006；Ohoka，et al.，2014）。

2.7.3　婴儿睡眠

考虑到婴儿生命最初三年与主要照顾者之间的关系建立，新生儿的睡眠情况与其依恋系统的发展也紧密相关（Anders，Goodlin-Jones，Sadeh，2000）。通常，新生儿一天需要 16~18 小时的睡眠，睡眠——觉醒状态交替为 3~4 小时一次循环（Anders，1994）。随着婴儿的成长，满 1 个月的新生儿开始适应昼夜交替的循环，他们夜间的睡眠碎片开始减少（Sher，1998）。婴儿在睡眠过程中与母亲的分离与团聚体验激发着其依恋系统的发展。通过母亲与婴儿之间互动的一致性与可预测性，婴儿逐渐发展出自身的睡眠模式。如果母亲不能在婴儿睡前给予一个安全的睡前体验，将可能导致孩子出现睡眠问题，例如，入睡困难、频繁夜醒等（Anders，1994）。一些研究发现孕晚期的母胎依恋与婴儿的早期睡眠情况有一定的相关性（Spletzer，O'Beirne，Bishop，2008）。虽然，母胎依恋不能完全预测产后母亲给予婴儿规律睡眠的能力，但是，孕晚期的母胎依恋水平还是在一定程度上预测了母亲与新生儿的互动能力和给予其安全的睡前体验的能力。因此，孕晚期的母胎依恋与婴儿的早期睡眠情况有一定的相关。

第 3 章　问题提出与研究设计

3.1　已有研究的局限

3.1.1　尚未建构与验证影响母胎依恋的多因素模型

总体来看，母胎依恋的理论发展是一个不断完善的过程。但是，母胎依恋理论仍处于初级阶段。母胎依恋影响因素的多重与复杂为理论建构增加了难度。因此，需要更多细致深入的研究来补充现有理论的不足。然而，已有的研究主要关注单一因素对母胎依恋的影响，而缺乏理论基础之上的系统性模型建构，也缺乏对现有的理论模型的检验。

在实践观察和文献分析的基础上，笔者发现母胎依恋的发展问题并不是单一因素作用的结果，而极有可能是心理、社会、文化因素综合作用的产物，这其中既要考虑母亲自身的依恋经历和心理健康水平，也要考虑其重要社会关系（如夫妻关系）对母胎依恋发展所带来的影响。

3.1.2　母胎依恋与母婴依恋之间关系的研究结论并不一致

母婴依恋是由母胎依恋关系发展而来，并受母胎依恋的影响。来自美国（Müller，1996）、荷兰（van Bussel，Spitz，Demyttenaere，2010）的研究均发现了母胎依恋与母婴依恋之间存在显著的正相关。进一步的研究也支持了母胎依恋对母婴依恋的预测效力（Siddiqui，Hägglöf，2000）。但是，克兰利（1981）与威尔逊等（2000）的研究并未发现两者之间的相关性。上述研究结论的差异提示我们，母胎依恋对母婴依恋的影响可能受到其他变量的影响，需要更多地追踪研究来验证母胎依恋与母婴依恋之间的关系。

3.1.3　母胎依恋与婴儿睡眠之间关系的探讨较少

目前，科学界对于母胎依恋与产后婴儿各方面特征之间关系的研究十分缺乏，使得人们对母胎依恋可能给婴儿带来的影响还认识不足。睡眠是新生儿最主要的生命活动，对于婴儿体格、认知、情绪、行为及学习记忆等各方面的健康发展都非常重要。对母亲来说，最初一个月与婴儿的互动任务主要是建立婴儿在饮食、睡眠—觉醒、活动等方面的规律性。而母婴互动受母胎依恋的重要影响。因此，对于母胎依恋与婴儿睡眠关系的研究不仅能进一步检验亲子关系在产前与产后之间的关系，也会为婴儿建立饮食、睡眠—觉醒、活动等方面的规律性提供科学预防与干预的理论基础。

3.1.4　母胎依恋的研究在我国尚处于初级阶段

绝大部分关于母胎依恋的研究都出自西方国家的研究者，鲜有来自东方文化背景的研究，母胎依恋的研究结果是否具有跨文化的一致性有待进一步检验。国内关于母胎依恋的研究比较少，我们需要在中国的背景之下对母胎依恋进行探讨，因为在中国文化里，父亲的角色更为权威，也较少参与到抚养工作中（Ho，1987），因此可能中国文化背景下母胎依恋比西方更强。同时，因为中国的独生子女政策，母亲可能会对孩子寄托更深的情感，并表现出更多的爱抚行为。最后，如今已有独生女成为母亲，她们对孩子早期建立起的依恋关系究竟会因为自我中心而导致水平较低，还是会受代际传递影响，对自己的孩子产生更强的情感依附，都是很值得探讨的主题。如果国内母亲的母胎依恋水平较低，那么从集体主义文化下社会网络较为密集的角度，则很可能可以改善母胎依恋的质量（丁雪辰，2013）。

3.2　研究的总体设计

3.2.1　本研究拟讨论问题

引进调查母胎依恋的相关问卷，了解国内母胎依恋发展的现状，探讨影响母胎依恋发展的心理社会因素，在整合已有研究结论和模型的基础上，建构符合母胎依恋发展的系统性影响因素模型，探索母胎依恋与母婴依恋之间的关系，发现婚姻质量、孕期抑郁、母亲早期依恋经历对母胎依恋的作用机制，以期为母胎依恋的干预提供科学依据，促进母亲角色的认同，为胎儿构建安全良好的宫内生长发育环境，为早期亲子关系奠定良好基础（见图 3.1）。本研究拟探讨问题有：

（1）国内母胎依恋现状如何？

（2）母亲自身因素和心理社会因素是怎样影响母胎依恋的？

（3）母亲自身因素和心理社会因素是怎样影响母婴依恋的？

（4）母胎依恋与母婴依恋之间的关系如何？

（5）母胎依恋与婴儿睡眠之间的关系如何？

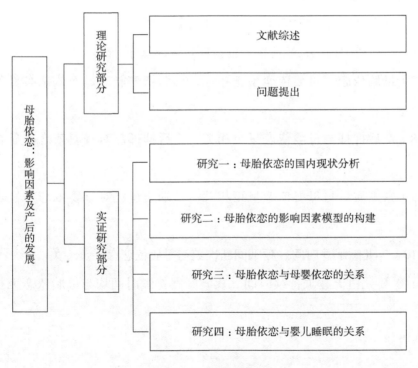

图 3.1　研究思路

3.2.2 研究假设

（1）国内孕妇的母胎依恋整体水平高于西方国家。

（2）处于不同孕期的孕妇，母胎依恋的水平存在显著差异。随着孕周的增加，母胎依恋的水平逐渐上升。

（3）计划怀孕的孕妇的母胎依恋水平显著高于非计划怀孕的孕妇的母胎依恋水平。

（4）母亲早期依恋经历在婚姻质量与母胎依恋中起调节作用，孕期抑郁在婚姻质量与母胎依恋中起中介作用。

（5）国内产妇的母婴依恋整体水平高于西方国家。

（6）与初产妇相比，经产妇的母婴依恋量表总分更高。

（7）母胎依恋与母婴依恋呈正相关，母胎依恋能对母婴依恋有显著正向预测。

（8）产后抑郁与母婴依恋呈负相关，产后抑郁能对母婴依恋有显著负向预测。

（9）婚姻质量与母婴依恋呈正相关，婚姻质量能对母婴依恋有显著正向预测。

（10）婴儿睡眠总时间、睡眠间断次数与母胎依恋存在负相关。

（11）婴儿白天睡眠持续时间、夜间睡眠持续时间均与母胎依恋无相关。

3.2.3 研究方法

（1）通过文献法考察国内外已有的研究成果，并对其进行梳理，明确该领域亟待解决的主要问题和本研究的主要研究方向。

（2）将国外应用成熟的相关问卷翻译成中文，经过严格的回译、预测和反复的讨论后，确定中文版，并对其信效度进行检验。

（3）根据系列问卷获得的资料，采用差异性检验、潜在类别分析、结构方程模型验证等科学方法揭示母胎依恋和母婴依恋的特征，探索其影响因素。

（4）通过追踪研究，探讨母胎依恋与母婴依恋的关系，以及其他因素对母婴依恋的影响。

（5）通过追踪研究，调查 6 周龄婴儿的睡眠现状，并探讨母胎依恋与婴儿早期睡眠的关系。

第4章 母胎依恋国内现状分析

4.1 引言

早在 1945 年，多伊奇（Van den Bergh，Simons，2009）提出了关于亲子关系的观点，认为母亲与孩子的关系并非始于孩子出生，而是在母亲孕期就开始了。在随后的 30 年，此观点被不断地提及和讨论（Condon，1993；Golbasi，Ucar，Tugut，2015；Vedova，Dabrassi，Imbasciati，2008）。一些研究证实了母亲在孕期与胎儿的关系对未来的亲子关系有着重要的影响（Bouchard，2011；Van den Bergh，Simons，2009）。

母胎依恋是一种母亲对于胎儿所产生的情感联结关系，包含认知表征、情感投入和行为互动。其中，认知成分为母亲对怀孕母亲角色及胎儿的知识和态度，情感成分为孕妇对期望中的胎儿投入的情感资源和由此产生的感觉，行为成分为母亲与胎儿进行的（如说话、抚摸、起名字等）互动。

母胎依恋关系量表是用于描述孕期母亲与胎儿情感联结的工具之一。该量表是由康登（1993）依据成人依恋分层模型发展而来。在模型中，母亲对于胎儿的爱被认为是母胎依恋关系中的核心体验，并由五种直接目标需要驱动，这五种需要分别为了解孩子、与孩子互动、避免和孩子的分离或丧失、保护孩子和满足孩子需要。但是，这种母亲对于胎儿的爱并不一定转化成外显的行为，而是由这五种需要起中介作用。研究者针对 15 对夫妻进行访谈并由此归纳总结抽取出量表条目，然后随机抽取 112 名孕妇填写问卷进行验证。因子分析的结果呈现出两因子的结构。一个因子是依恋的质量，包含亲密或疏远、亲切或愤怒、积极或消极情感，代表了母胎关系的方向；另一个因子是依恋的强度，代表了孕期母亲对胎儿所投入的时间和精力。该量表不仅可以测量母胎依恋关系的整体水平，通过两个因子不同水平的组合，还发展出母胎依恋关系的四种类型，即积极专注型、积极冷漠型、消极专注型、消极冷漠型（Condon，1993）。

母胎依恋关系量表相继被翻译成荷兰语、西班牙语、土耳其语等多种文字版本并进行信度、效度的检验（Golbasi, Ucar, Tugut, 2015；Mako, Deak, 2014；Navarro-Aresti, Iraurgi, Iriarte, Martínez-Pampliega, 2016；Van Busselet, et al., 2010）。尽管该量表被广泛地应用在研究中，但国内尚未有中文版的问卷编制与修订的研究。因此，本研究的目的有以下两点：

（1）修订该量表以适应中文语言环境，并对其信度、效度进行检验。

（2）对国内母胎依恋关系进行调查和分析。

4.2　对象与方法

4.2.1　对象

本研究采用北京市某妇幼保健院的孕妇学校进行取样，选取 18 岁以上、具备读写中文能力、无严重身心病症的孕妇作为被试。发放问卷 550 份，其中有效问卷 545 份，有效回收率为 99.1%。所有被试均在了解研究目的的情况下自愿参加调查，并亲自书写问卷。完成问卷的 545 位孕妇中，年龄 20~44 岁，平均年龄为 29.0 岁（总体标准差 $s = 3.4$），20~24 岁为 28 人，25~29 岁为 315 人，30~34 岁为 162 人，35 岁及以上为 40 人；孕周 8~38 周，平均孕周为 30.0 周（$s = 8.1$），孕早期（妊娠 12 周末以前）为 80 人，孕中期（妊娠 13~27 周末）为 153 人，孕晚期（妊娠 28 周及以后）为 312 人；独生子女为 170 人，非独生子女为 375 人；受教育程度：小学为 1 人，初中为 28 人，高中为 65 人，大专为 295 人，本科及以上为 156 人；工作情况：没工作的为 45 人，全职工作的为 368 人，怀孕前有工作的为 132 人；家庭月收入（元）：0~5000 元组为 146 人，5000~10000 元组为 293 人，大于 10000 元组为 106 人；生育次数：初次的为 445 人，多次的为 100 人。

4.2.2　工具

1. 母胎依恋关系量表

母胎依恋关系量表，是测量母胎依恋关系的最新工具之一（Bergha，Simonsa，2009）。该量表属于自陈量表，有 19 题，5 点计分，总分跨度为 19~95 分，分数越高表明母胎关系水平越高。有 11 道（1、3、5~7、9、10、12、15、16、18 题）反向计分题目。该量表有两个维度，"依恋的质量"维度（3、6、7、9、10、11、12、13、15、16、19 题）和"依恋的强度"维度（1、2、4、5、8、14、17、18 题）。

在问卷翻译阶段，研究者与一名独立的专业翻译共同将英文版问卷翻译成中文，并检查翻译的恰当性、代表性、易读性。然后，由另外两名独立的、母语为中文的专业翻译将翻译好的中文初稿译回英文，并比较原版与译回版是否存在内容和表达上的不一致。最后，由研究者分析、修改，形成量表的最终版本。将量表最终版本发放给 30 位孕妇被试者进行预试研究以发现并修改存在于量表中的问题，结果表明量表各方面良好。

2. 婚姻调适测验

婚姻调适测验（marital-adjustment test，MAT），用于婚姻质量的测量，可在临床上区分满意和不满意的夫妻。共 15 个条目，包括交流、性生活兼容性、情感及价值观差异四个维度，总分 158 分，分值越高表示对婚姻的满意度越高。本研究中量表的内部一致性系数为 0.62。

3. 爱丁堡产后抑郁量表

爱丁堡产后抑郁量表（Edinburgh postnatal depression scale，EPDS），用于测量孕产妇抑郁程度的量表。共 10 个条目，分别涉及心境、乐趣、自责、抑郁、恐惧、失眠、应付能力、悲伤、哭泣和自伤等，从 0（从未）至 3（总是）四级评分，分数越高表示抑郁程度越高，9 分为筛查孕产妇抑郁症患者的临界值。本研究中量表的内部一致性系数为 0.85。

4.2.3　统计方法

使用 SPSS19.0 统计软件，对资料进行描述统计、内容效度分析、效标关联效度分析、内部一致性信度分析及方差分析；采用 AMOS17.0 进行验证性因子分析来确定两因子结构模型是否符合中文版母胎依恋关系量表。

4.3　结果

4.3.1　量表基本情况

表 4.1 呈现了 MAAS 原版量表 19 个题目的平均数、标准差、因子载荷和题总相关的结果。整个量表的平均分为 76.03 分（标准差 5.51），范围在 59~85 分。依恋的质量维度的平均分为 48.44 分（标准差 3.45），依恋的强度维度的平均分为 27.57 分（标准差 2.93）。各题目在两维度上的因子载荷为 0.33~0.71，故没有

题目的因子载荷低于 0.30 而被删除，保留原版量表的所有题目。

表 4.1　MAAS 原版量表基本情况（总人数 n=545）

分量表	题号	平均分	标准差	依恋的强度	依恋的质量	与总分的相关系数
依恋的强度	1	4.17	0.63	0.52		0.45
	2	3.72	0.65	0.45		0.36
	4	3.93	0.80	0.65		0.58
	5	3.91	0.63	0.52		0.47
	8	2.93	10.01	0.64		0.56
	14	3.80	0.76	0.50		0.51
	17	2.19	0.93	0.48		0.36
	18	4.35	0.77	0.44		0.33
分量表总和		27.57	2.93			0.87
依恋的质量	3	4.32	0.73		0.60	0.55
	6	4.37	0.52		0.40	0.39
	7	3.98	0.63		0.33	0.31
	9	4.59	0.58		0.59	0.51
	10	3.68	0.66		0.41	0.39
	11	4.40	0.78		0.71	0.61
	12	4.77	0.51		0.46	0.34
	13	4.01	0.94		0.63	0.58
	15	4.83	0.41		0.51	0.38
	16	4.61	0.60		0.36	0.30
	19	4.87	0.46		0.42	0.37
分量表总和		48.44	3.45			0.88
MAAS 量表总和		76.03	5.51			

4.3.2 信度

如表 4.1 所示，各题目与总分的相关系数为 0.30~0.61，且具有显著差异（$p < 0.01$）。Cronbach's alpha 系数为 0.77，用来测量量表的内部一致性。依恋的质量维度的 Cronbach's alpha 系数为 0.69，依恋的强度维度的 Cronbach's alpha 系数为 0.62。

4.3.3 效度

1. 内容效度

内容效度是由一个包括 3 名心理学家、3 名妇产科专家组成的专业小组评定的。专家小组成员对量表的每一题进行 1~4 的评分，1 分表示不满意，4 分表示非常满意，最终由专家小组成员对量表评价的一致性决定，即肯德尔 W 系数。各题目评分均值为 3.67~4.00，肯德尔 W 系数为 0.26（$p > 0.05$），结果表明，专家小组成员对量表评价具有一致性，即量表的内容效度良好。

2. 结构效度

经过验证性因子分析，考察量表拟合程度，保留原版量表的 19 个题目和两因子维度，建立最终模型。各拟合指数达到测量学可接受的范围（$\chi^2 /df = 2.19$，GFI = 0.94，AGFI = 0.92，CFI = 0.87，RMR = 0.023，RMSEA = 0.047）。

3. 效标关联效度

计算量表总分与婚姻调适测验和爱丁堡产后抑郁量表的相关。结果发现，量表总分与婚姻调适测验和爱丁堡产后抑郁量表的相关分别为 0.49（$p < 0.01$）和 -0.36（$p < 0.01$）。表 4.2 为 MAAS 及分量表与 MAT、EPDS 之间的相关。

表 4.2　MAAS 及分量表与 MAT、EPDS 的相关

量表	$n = 545$	
	MAT	EPDS
母胎依恋关系问卷	0.49***	−0.36***
依恋的质量	0.43***	−0.43***
依恋的强度	0.40***	−0.20**

注：** $p < 0.01$；*** $p < 0.001$。

4.3.4　母胎依恋的国内现状

如表 4.3 所示，在孕早、中、晚期三个阶段中，孕晚期（样本平均数 $M = 76.53$，SD = 5.43）的母胎依恋总分大于孕早期（$M = 74.35$，SD = 5.87）和孕中期（$M = 75.21$，SD = 5.79）的得分，孕晚期（$M = 45.35$，SD = 3.33）在依恋质量维度的得分小于孕早期（$M = 47.92$，SD = 3.80）和孕中期（$M = 48.04$，SD = 3.64）的得分，孕晚期（$M = 31.18$，SD = 2.87）在依恋强度维度的得分大于孕早期（$M = 26.43$，SD = 2.91）和孕中期（$M = 27.18$，SD = 2.96）的得分。表 4.4 呈现了母胎依恋各类型在孕早、中、晚期三个阶段的数量及百分比。其中，积极专注型在孕早、中、晚期三个阶段的比例均最高，积极冷漠型在孕早、中、晚期三个阶段的比例均最低，且总体数量上专注型高于冷漠型，积极型高于消极型。

表 4.3　MAAS 及分量表在孕早、中、晚期三个阶段的得分情况

阶段	T_1				T_2				T_3			
	M	SD	Min	Max	M	SD	Min	Max	M	SD	Min	Max
MAAS	74.35	5.87	62.00	88.00	75.21	5.79	59.00	88.00	76.53	5.43	59.00	89.00
依恋质量	47.92	3.80	39.00	54.00	48.04	3.64	37.00	55.00	45.35	3.33	36.00	55.00
依恋强度	26.43	2.91	20.00	34.00	27.18	2.96	17.00	34.00	31.18	2.87	21.00	35.00

表 4.4　母胎依恋各类型在孕早、中、晚期三个阶段的数量及百分比

类型	T_1（$n=77$）	T_2（$n=85$）	T_3（$n=383$）	T_4（$n=545$）
	n（%）	n（%）	n（%）	n（%）
积极专注型	32（41.56%）	49（57.65%）	247（64.49%）	328（60.18%）
积极冷漠型	3（3.90%）	2（2.35%）	8（2.09%）	13（0.18%）
消极专注型	32（41.56%）	25（29.42%）	108（28.20%）	165（30.28%）
消极冷漠型	10（12.99%）	9（10.59%）	20（5.22%）	39（7.16%）

4.3.5　母胎依恋人口学变量的差异性分析

孕晚期孕妇的母胎依恋关系量表总分（$F = 7.31$，$p < 0.001$）显著高于孕早期和孕中期的孕妇。相比意外怀孕的孕妇，计划怀孕的孕妇母胎依恋关系量表总分（$t = 2.46$，$p < 0.05$）更高。独生子女与非独生子女的孕妇的母胎依恋关系量表总分不存在显著差异（$t = 1.54$，$p = 0.22$）。此外，母胎依恋关系量表总分在年龄、受教育程度、工作情况、家庭月收入、生育次数等变量上均无显著差异，得分具体情况见表 4.5。

表 4.5　母胎依恋人口学变量的差异性分析

变量	分组	$\bar{x}$	s	F/t
孕周	孕早期（8~12）	74.35	5.87	7.31***
	孕中期（13~27）	75.21	5.79	
	孕晚期（27~40）	76.53	5.43	
计划怀孕	计划怀孕	77.79	5.91	2.46*
	意外怀孕	76.32	5.53	
年龄（岁）	20~24	76.57	7.38	0.26
	25~29	77.55	5.77	
	30~34	77.35	5.72	
	35 及以上	77.60	6.21	
独生子女	是	77.95	5.80	1.54
	否	77.22	5.89	
受教育程度	初中及以下	76.82	6.35	0.51
	高中	76.69	6.07	
	大专	77.47	5.99	
	本科及以上	77.82	5.49	
工作情况	无	77.42	6.52	0.52
	全职工作	77.29	5.92	
	怀孕前工作	77.89	5.50	
家庭月收入（元）	0~5000	76.84	6.26	1.29
	5000~10000	77.55	5.84	
	> 10000	78.00	5.33	
生育次数	初次	77.56	5.90	0.97
	多次	76.93	5.71	

4.4　讨论

4.4.1　量表的信效度

在量表的信度检验方面，研究者运用了题总相关系数和 Cronbach's alpha 系数。在内部一致性方面，本研究的 Cronbach's alpha 系数比康登（1993，1997）的研究结果略低。尽管如此，根据纳纳利（Nunnally）与伯斯坦（Bernstein）（1994）关于 Cronbach's alpha 系数的研究，本量表在内部一致性方面的结果仍然良好（即 Cronbach's alpha 系数 ≥ 0.70）。在荷兰版量表的信度检验中，Cronbach's alpha 系数为 0.78，依恋的质量维度 Cronbach's alpha 系数为 0.69，依恋的强度维度 Cronbach's alpha 系数为 0.73（Van Busse1 et al.，2010）。在土耳其版量表的信度检验中，Cronbach's alpha 系数为 0.79，依恋的质量维度 Cronbach's alpha 系数为 0.76，依恋的强度维度 Cronbach's alpha 系数为 0.65（Golbasi，et al.，2015）。在内部一致性方面，本研究与荷兰版量表、土耳其版量表的结果接近。因此，母胎依恋关系中文版量表具有良好的信度。

效度验证方面是由内容效度、结构效度和效标效度组成的。专家小组成员对量表的评价具有一致性（肯德尔一致性系数 $W = 0.11$；$p > 0.05$），即量表具有良好的内容效度。对母胎依恋关系中文版量表进行验证因子分析时，各拟合指数达到测量学可接受的范围（$\chi^2/df = 2.19$，GFI = 0.94，AGFI = 0.92，CFI = 0.86，RMR = 0.023，RMSEA = 0.047），故保留原量表的维度。此结果与通过验证性因素分析进行结构效度验证的西班牙版量表（Busonera，et al.，2016）、意大利版（Navarro-Aresti，et al.，2016）量表基本一致。效标关联效度方面，研究结果表明，量表总分婚姻调适测验与爱丁堡产后抑郁量表的相关分别为 0.49 和 −0.36（$p < 0.01$），与已有研究（Bouchard，2011；Busonera, et al.，2016；Van Bussel, et al.，2010）的结果一致，说明量表的效标关联效度良好。在范布塞尔（Van Bussel）（2010）的研究中，孕期抑郁只与量表的依恋质量维度有关（−0.18~−0.11），说明母亲孕期情绪并不影响母亲在母胎依恋关系中投入的强度。但是，本研究发现中国母亲孕期情绪与母胎依恋关系及其两个维度均有显著相关，与范布塞尔（2010）的研究结果不一致。由此推论，在中国文化背景下，母亲情绪与母胎依恋密切相关，并在质量和强度两个维度上均对其有影响。虽然研究结果不能进行因果推理，但文化差异已反映在了研究结果中。

4.4.2　母胎依恋的特征

在母胎依恋关系的整体水平上，国内孕妇的母胎依恋关系的情况（$M = 76.03$，SD = 5.51）与来自加拿大（$M = 82.67$，SD = 5.07）、荷兰（$M = 76.75$，SD = 6.00）和意大利（$M = 78.69$，SD = 5.64）的研究结果基本一致（Bouchard，2011；Busonera1, et al.，2016；Van Busselet, et al.，2010）。在母胎依恋类型上，国内积极专注型的比例高于荷兰（44.41%），积极冷漠型的比例低于荷兰（20.00%），总体上专注型（90.46%）的比例高于荷兰（54.92%），积极型（60.36%）的比例略低于荷兰（64.41%）。说明中国母亲在孕期普遍对胎儿投入的精力较高，但依恋的质量略低于西方国家，这可能与怀孕带来的各方面压力增多有关。一方面，在中国文化背景下，孕育下一代并不是夫妻二人之间的事情，它关系到整个家族，上一辈的关心和督促可能使母亲对胎儿投入更多的精力，但是无形中给孕妇带来了压力，影响到孕妇的情绪，增加了孕妇焦虑、抑郁的风险，导致依恋的质量降低；另一方面，独生子女的生育政策已在中国施行了多年，它深切影响了中国人的生育观，使母亲更加珍视孩子，更加关注胎儿的健康与安全，而比较忽视与胎儿建立情感联系。于是，母亲会对胎儿投入更多的精力，但依恋的质量并不高。另外，在孕早、中、晚期三个阶段的比较中，积极专注型在孕早、中、晚期三个阶段的比例有逐步上升的趋势。这表明随着孕周的增加，母亲对于孕期各方面的适应情况越来越好，对于胎儿的情感联结越来越紧密，因此母胎依恋水平不断提高。

在影响母胎依恋的人口学因素方面，计划怀孕并处于孕晚期的孕妇的母胎依恋关系水平更高，与国外已有的研究结论一致（Condon，Corkindale，1997；Feldman，2007；Lindgren，2001；Mako，Deak，2014；Salisbury，et al.，2003；Siddiqui，Hagglöf，2000）。另外，独生子女的孕妇在母胎依恋关系方面并不比非独生子女的孕妇差，直到今日，大众对于独生子女的印象仍然是"自私的、以自我为中心的、被宠坏的"（刘振聪，2016），并关心他们作为父母的表现。本研究结果表明，这可能是大众的刻板印象造成的。

4.5 结论

本研究结论如下：

（1）中文版母胎依恋关系量表是一个信效度良好地测量母胎依恋关系的工具。

（2）国内孕妇母胎依恋的情况与西方已有研究基本一致，但中国母亲在孕期普遍对胎儿投入的精力较多，但依恋的质量略低于西方国家。

（3）在影响母胎依恋的人口学因素方面，计划怀孕并处于孕晚期的孕妇的母胎依恋关系水平更高。

第5章 母胎依恋的影响因素模型构建：一个有调节的中介模型

5.1 引言

母胎依恋是一种母亲对于胎儿所产生的包含认知表征、情感投入和行为互动的关系。其中，认知成分为母亲对怀孕母亲角色及胎儿的知识和态度，情感成分为孕妇对期望中的胎儿投入的情感资源和由此产生的感觉，行为成分为母亲与胎儿进行的（如说话、抚摸、起名字等）互动。母胎依恋的重要意义在于，一方面，它反映了孕妇胎儿的情感联结，直接影响着怀孕期间胎儿的健康发展（Pollock，Percy，1999）；另一方面，它对于新生儿出生后母亲对于婴儿的情感联结具有预测性，也间接影响着孩子的行为、情绪和认知的发展以及孩子早期依恋关系的建立。因此，对于母胎依恋影响因素的研究显得十分必要。

　　母胎依恋受诸多因素的影响，其中孕期抑郁、早期依恋经历、婚姻质量等心理社会方面的因素开始受到学者们的关注。孕期抑郁是阻碍母胎依恋发展的重要因素之一（Rossen，et al.，2016）。研究证实孕期抑郁程度与母胎依恋水平呈显著负相关（Alhusen，et al.，2012；Goecke，et al.，2012；Lindgren，2001），即母亲孕期抑郁程度越低，通常母胎依恋水平越高。孕妇的早期依恋经历也会对母胎依恋产生影响。早期依恋经历良好的孕妇的母胎依恋水平相对更高，她们会对胎儿投入更多的情感和精力，也更愿意与别人分享怀孕的快乐（Siddiqui，Hägglöf，Eisemann，2000）。婚姻关系也是影响母胎依恋的重要因素，孕妇对婚姻质量越满意，就会对胎儿投入更多的情感，母胎依恋水平就会更高（Alhusen，2008；Condon，Corkindale，1997；Salisbury，Law，LaGasse，et al.，2003）。

　　抑郁与婚姻质量以及早期依恋经历与婚姻质量之间均有着十分密切的关系。婚姻质量对女性抑郁有显著的负向预测作用，即婚姻质量越差，女性抑郁症患者的抑郁程度可能越严重（薛伟，2015）。早期依恋经历会对婚姻质量产生显著影响，即早期依恋经历越差，其婚姻质量可能越差（讲琴，2003）。

　　考虑到抑郁、早期依恋经历与婚姻质量的复杂关系，不能单一地考察孕妇的抑郁对母胎依恋的影响，或早期依恋经历对母胎依恋的影响，抑或婚姻质量对母胎依恋的影响，而是需要考察孕妇的抑郁、早期依恋经历和婚姻质量三者对母胎依恋的综合影响。一方面，婚姻质量对孕期抑郁有直接影响（薛伟，2015），进而可能对母胎依恋产生影响。孕期的女性对人际关系会更加敏感，不良的婚姻关系使孕妇无法从伴侣那里获得支持，导致孕期抑郁情绪的产生或加剧，从而对母胎依恋产生消极影响。因此，孕期抑郁可能在婚姻质量与母胎依恋之间起中介作用；另一方面，在关于婚姻质量与母胎依恋之间关系的研究中，发现孕妇的早期依恋经历可能在两者之间起调节作用。根据穆勒提出的母胎依恋模型，早期依恋经历形成了孕妇自己的依恋内部表征，会对婚姻关系产生重要影响，进而影响母胎依恋。布沙尔（2011）研究证实了这一点，对于早期依恋经历较差的孕妇，婚姻质量与母胎依恋之间呈显著正相关；而对于早期依恋经历较好的孕妇，婚姻质量与母胎依恋之间的相关不显著。

综上所述，孕期抑郁、早期依恋经历、婚姻质量与母胎依恋四者之间可能存在调节作用、中介作用，抑或是两种作用并存，这有待于进一步的研究检验。

根据以上文献的提示和对生活的观察和思考，笔者提出一个孕期抑郁、早期依恋经历、婚姻质量与母胎依恋四者之间有调节的中介模型（模型1）（见图5.1），即孕期抑郁可能在婚姻质量与母胎依恋之间起中介作用，以及早期依恋经历在婚姻质量与母胎依恋之间的调节作用，本研究将对这一理论假设进行检验。

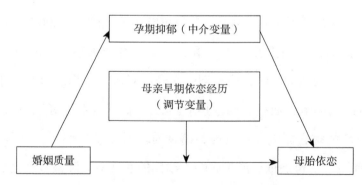

图 5.1　孕期抑郁、早期依恋经历、婚姻质量
与母胎依恋之间有调节的中介模型（模型 1）

5.2　对象与方法

5.2.1　被试

本研究采用方便取样，在北京市某妇幼保健院的产科门诊进行取样，选取 ≥ 18 岁、具备读写中文能力、无严重身心病症且处于孕晚期的孕妇作为被试者。发放问卷 255 份，回收有效问卷 253 份。完成问卷的孕妇中，孕周 34~40 周，平均孕周为 37.43 周（标准差 1.55）；年龄 20~39 岁，平均年龄 28.76 岁（标准差 3.03）。所有被试者均是在了解研究目的的情况下自愿参加调查。

5.2.2　工具

1. 母胎依恋关系量表

母胎依恋关系量表（MAAS），是由康登（1993）编制，用于测量母胎依恋水平的自陈量表。共 19 个条目，5 点计分。该问卷总分跨度 19~95，分数越高表明母胎关系水平越高。该问卷有"依恋的质量"和"依恋的强度"两个维度。母胎依恋关系量表根据两个维度的分数高低将依恋关系划分为四型：积极高投入型、积极低投入型、消极高投入型、消极低投入型。聂戈和范红霞（2017）的研究表明，该量表在中国孕妇群体中具有良好的心理测量学特性。本研究中量表的内部一致性系数为 0.77。

2. 爱丁堡产后抑郁量表

爱丁堡产后抑郁量表，是测量孕产妇抑郁程度的自陈量表。共 10 个条目，分别涉及心境、乐趣、自责、抑郁、恐惧、失眠、应付能力、悲伤、哭泣和自伤等，从 0（从未）~ 3（总是）四级评分，分数越高抑郁程度越高，9 分为筛查孕产妇抑郁症患者的临界值（Cox，Holden，Sagovsky，1987）。本研究中量表的内部一致性系数为 0.85。

3. 婚姻调适测验

婚姻调适测验，是由洛克（Locke）和华莱士（Wallace）（1959）编制，是对于整体婚姻质量的单一指标的测量工具，可在临床上区分满意和不满意的夫妻。共 15 个条目，总分 2~158 分，分数为 100 分或以上，代表婚姻质量较好，分值越高表示婚姻质量越高。马希权等人（2012）的研究表明，该量表在中国群体中具有良好的心理测量学特性。本研究中量表的内部一致性系数为 0.62。

4. 成人对父母的依恋经历调查问卷

成人对父母的依恋经历调查问卷（adult-to-parental attachment experience survey，AAES），是由王朝等人（2012）编制，用于测量成人对父母的依恋经历与类型特征。共 36 个条目，分为安全型、过度投入型、淡漠型和未解决型 4 个分量表，从 1（非常符合）~ 5（非常不符合）五级评分，分值越高表示依恋的安全程度越高。本研究中量表的内部一致性系数为 0.80。

5.2.3　研究程序

第一，经沟通了解，确定研究在北京某妇幼保健院产科门诊开展；第二，将该产科门诊的两位护士作为主试，对其进行有关的专业培训；第三，正式发放问卷，并将回收的问卷运用 SPSS19.0 和 AMOS17.0 进行资料处理与分析。

5.3　结果

5.3.1　共同方差偏差检验

由于所有数据均来自孕妇的自我报告，首先采用 Harman 单因子检验对共同方法偏差进行了检验。结果显示，共 14 个因子特征值大于 1，最大因子解释变异量为 17.79%，小于 40%。因此，本研究不存在严重的共同方法偏差问题。

5.3.2　各变量描述统计及其相关分析

表 5.1 列出了孕期抑郁、母亲早期依恋经历、婚姻质量和母胎依恋的平均数、标准差和相关矩阵。母胎依恋与孕期抑郁（$\gamma = -0.31$，$p < 0.001$）呈负相关，与母亲早期依恋经历（$\gamma = 0.17$，$p < 0.05$）、婚姻质量（$\gamma = 0.49$，$p < 0.001$）呈正相关；母亲早期依恋经历、孕期抑郁、婚姻质量三者之间也存在显著相关（$p < 0.001$）。

表 5.1　母胎依恋与 AAES、MAT、EPDS 之间的相关

变量	M	SD	MAAS	AAES	MAT
MAAS	75.29	6.41			
AAES	0.09	2.21	0.17*		
MAT	116.36	18.77	0.49***	0.26***	
EPDS	6.30	3.74	−0.31***	−0.34***	−0.35***

注：* $p < 0.05$，** $p < 0.01$，*** $p < 0.001$，下同。

5.3.3　孕期抑郁、母亲早期依恋经历、婚姻质量对母胎依恋的独特效应

采用结构方程建立模型，以了解母亲早期依恋经历、孕期抑郁、婚姻质量对母胎依恋的直接效应。模型 2（见图 5.2）各项拟合指标为：$\chi^2/df = 17.76$，GFI = 0.87，NFI = 0.53，IFI = 0.55，CFI = 0.53，RMSEA = 0.294。其中，孕期抑郁（$\gamma = -0.19$，SE = 0.062，$p < 0.01$）、婚姻质量（$\gamma = 0.43$，SE = 0.061，$p < 0.001$）对母胎依恋的路径系数均达到显著水平，而母亲早期依恋经历（$\gamma = -0.02$，SE = 0.061，$p > 0.05$）对母胎依恋的路径系数未达到显著水平。

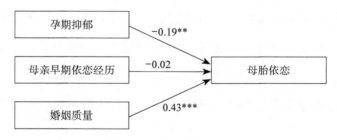

图 5.2　孕期抑郁、母亲早期依恋经历、婚姻质量
对母胎依恋的独特效应模型（模型 2）

5.3.4　有调节的中介模型验证

按照潜变量调节效应分析方法（温忠麟和吴艳，2010），将自变量和调节变量中心化，随后分别考察婚姻质量对孕期抑郁以及孕期抑郁、婚姻质量、母亲早期依恋经历 × 婚姻质量对母胎依恋的影响。

根据假设提出模型 1（见图 5.3），各项拟合指标良好（$\chi^2/df = 1.81$，GFI = 0.98，IFI = 0.91，CFI = 0.91，RMSEA = 0.065）。婚姻质量与孕期抑郁（$\gamma = -0.34$，SE = 0.068，$p < 0.001$）、孕期抑郁与母胎依恋（$\gamma = -0.19$，SE = 0.065，$p < 0.01$）、婚姻质量与母胎依恋（$\gamma = 0.42$，SE = 0.065，$p < 0.001$），婚姻质量 × 母亲早期依恋经历与母胎依恋（$\gamma = -0.18$，SE = 0.065，$p < 0.01$）之间的路径系数均达到显著水平。由此结果证明存在有调节的中介模型，即孕期抑郁在婚姻质量与母胎依恋之间起部分中介作用，母亲早期依恋经历在婚姻质量与母胎依恋之间起调节作用。

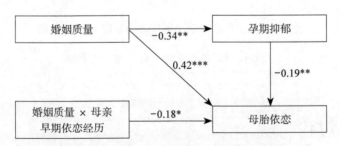

图 5.3　孕期抑郁、母亲早期依恋经历、婚姻质量

与母胎依恋四者之间的调节与中介模型（模型 1 路径分析）

运用简单斜率分析法对母亲早期依恋经历的调节效应进一步分析，将母亲早期依恋经历分数按平均分加减一个标准差分为高依恋组和低依恋组，分析在不同母亲早期依恋经历水平下婚姻质量对母胎依恋的影响。结果如图 5.4 所示，低依恋组中，婚姻关系能够显著正向预测母胎依恋（简单斜率 = 0.31，$t = 6.57$，$p < 0.001$）；高依恋组中，婚姻关系对母胎依恋的正向预测不显著（简单斜率 = 0.07，$t = 1.77$，$p > 0.05$）。

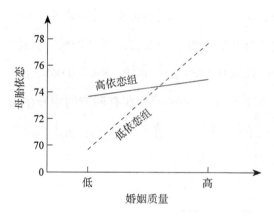

图 5.4 母亲早期依恋经历与婚姻质量（MAT）的

交互作用对母胎依恋（MAAS）的预测

5.4 讨论

5.4.1 婚姻质量对母胎依恋的影响

在孕期抑郁、母亲早期依恋经历、婚姻质量三者对母胎依恋的独特效应中，婚姻质量对母胎依恋的独特效应最大。结果表明，作为孕妇的主要社会支持，婚姻质量对母胎依恋有着非常重要的影响。

家庭始于婚姻关系的建立，婚姻系统孕育了亲子系统和兄弟姐妹系统。婚姻关系的质量是影响家庭团结和睦的核心要素，对家庭生活起着举足轻重的作用（Cox，Paley，2003；Erel，Burman，1995）。本研究证实，婚姻质量能直接预测母胎依恋的水平，且两者存在显著的正相关，这一结果与以往的研究结论是一致的（Alhusen，2008；Bouchard，2011；Salisbury，Law，LaGasse，Lester，2003），表明婚姻关系对亲子关系的萌芽期（即母胎依恋）也具有同等重要的影响。

5.4.2　孕期抑郁的中介效应

本研究发现，婚姻质量不仅可以直接影响母胎依恋，还会通过孕期抑郁的部分中介作用影响母胎依恋的水平。具体而言，婚姻质量负向预测孕期抑郁程度，即与婚姻质量较好的孕妇相比，婚姻质量较差的孕妇的抑郁情绪评分更高；同时孕期抑郁负向预测母胎依恋，即与抑郁情绪评分较高的孕妇相比，抑郁情绪评分较低的孕妇对胎儿的情感投入更多，其母胎依恋水平更高。

对于初产妇而言，怀孕是一个重要而未知的生活事件。在适应怀孕带来的生理、心理转变的过程中，需要来自伴侣与家人的支持与关怀，因此，和谐的婚姻关系对于孕妇尤其重要。不和谐的婚姻关系会产生或加剧孕妇的抑郁情绪。抑郁情绪会影响孕妇对于怀孕的反应，减少其对胎儿投入的情感与精力，导致对母胎依恋产生消极影响。本研究发现，孕妇的抑郁程度能直接预测母胎依恋的水平，且两者存在显著的负相关，这一结果与以往的研究结论是一致的（Alhusen，et al.，2012；Goecke，et al.，2012；Lindgren，2001）。这个发现提醒我们，母胎依恋虽反映的是母亲与胎儿建立起来的情感连接的质量与强度，但其深受母亲抑郁情绪的影响。在今后对母胎依恋的预防与干预工作中，应当对孕妇的抑郁情绪进行考察与评估。

5.4.3　母亲早期依恋经历的调节效应

本研究还发现，母亲早期依恋经历在婚姻质量与母胎依恋关系之间起着调节作用。具体表现为，早期依恋经历较差的孕妇，如果婚姻质量较高，会促进母胎依恋的发展；而早期依恋经历较好的孕妇，无论婚姻质量是高是低，其母胎依恋的发展都良好。此结果与穆勒（1994）、布沙尔（2011）的研究一致。

因此，婚姻质量对母胎依恋的影响并不是单一的，母亲早期依恋经历通过与婚姻质量的交互作用对母胎依恋关系产生影响。对于有着良好早期依恋经历的母亲，婚姻质量对母胎依恋关系的影响不显著；而对于早期依恋经历较差的母亲，她们可能更需要来自伴侣的支援和陪伴，良好的婚姻关系可以补偿早期依恋经历的不足。

5.5　结　论

本研究结论如下：

（1）婚姻质量、孕期抑郁对母胎依恋的独特效应显著。

（2）孕期抑郁在婚姻质量与母胎依恋之间起部分中介作用。

（3）母亲早期依恋经历在婚姻质量与母胎依恋之间具有调节作用。

第 6 章　母胎依恋与母婴依恋的关系

6.1　引言

母婴依恋是指母亲对于婴儿所产生的情感联结关系（Cranley，1981），包含认知表征、情感投入和行为互动。其中，认知成分为母亲对母亲角色及婴儿的知识和态度，情感成分为母亲对婴儿投入的情感资源和由此产生的感觉，行为成分为母亲与婴儿进行的互动。它是婴儿建立自身依恋系统的基础，关系着婴儿的社交、情感和认知的发展（Rossen，et al.，2016）。母婴依恋的质量越高，在与婴儿的互动中，母亲通常会更敏感、更积极（Kumar，1997）。

母亲对于孩子的依恋并不是在孩子出生之后才开始的，而是在母亲怀孕期间就产生了（Cranley，1981）。因此，母婴依恋是由母胎依恋关系发展而来，并受母胎依恋的影响。来自美国（Müller，1996）、荷兰（Van Bussel，Spitz，Demyttenaere，2010）的研究均发现了母胎依恋与母婴依恋之间存在显著的正相关。进一步的研究也支持了母胎依恋对母婴依恋的预测效力（Siddiqui，Hägglöf，2000），良好的母胎依恋关系体现了孕妇与胎儿的情感联结的紧密程度，也反映了孕妇母亲角色的适应与接纳程度，这些都会有助于母亲与婴儿依恋关系的发展。但是，克兰利（1981）与威尔逊等（2000）的研究并未发现两者之间的相关性。上述研究结论的差异性提示我们，母胎依恋对母婴依恋的影响可能受到其他变量的影响，需要更多的追踪研究来验证母胎依恋与母婴依恋之间的关系。

与此同时，产后抑郁、婚姻质量等因素对母婴依恋也有着至关重要的影响。产后抑郁程度与母婴依恋水平呈显著负相关（Damato，2004；Goecke，et al.，2012；Ohoka，et al.，2014）。产后抑郁的母亲常被描述为消极的、沉默寡言的、无反应的和侵入性的形象（Field，1998；Field，2010）。她们会给婴儿传递更多的负面情绪，从而对母婴互动产生消极影响。进一步的研究发现，即使母亲的抑郁程度未达到临床诊断水平，它仍然会对婴儿的行为发展产生阻碍（Moehler，et al.，2007）。

对于产后阶段的女性，来自伴侣的爱与支持也是十分重要的。积极的夫妻关系可以帮助母亲克服心理的脆弱与压力，更有意愿、有自信地照顾婴儿。辛普森（1999）认为如果丈夫可以营造愉快、支持性的夫妻关系，将会使母亲加强和提高自己与孩子互动中的敏感性。哈桑和沙井（1987）进一步说明，对个体而言，安全和谐的两性关系是对夫妻双方最好的承诺，因此也会更好地向伴侣提供一致性的支持。婚姻质量与母婴依恋水平呈显著正相关（Carlson，2003；Danielle，Rhonda，2016；Parade，et al.，2014）。婚姻质量越高，意味着母亲产后的家庭氛围越好，得到来自伴侣的支持与关怀越多。因此，母亲产后也愿意在与婴儿的互动中投入更多精力，并对于母亲角色的适应和转变更快。

因此，本研究的目的为：① 探讨母胎依恋与母婴依恋的关系；② 探究母婴依恋的影响因素。

6.2　对象与方法

6.2.1　被试

本研究在北京市某妇幼保健院的产科门诊进行取样，选取 ≥ 18 岁、具备读写中文能力、无严重身心病症且处于孕晚期的孕妇作为被试者，并在她们产后 6 周再次进行调查。发放问卷 260 份，其中有效问卷 225 份。孕周 35~39 周，平均孕周为 37.84 周（SD=1.36）;年龄 20~37 岁，平均年龄 28.12 岁（SD=2.87）。被试的人口学基本情况如表 6.1 所示。所有被试者均是在了解研究目的的情况下自愿参加调查，并亲自书写问卷。

表 6.1　被试者的人口学基本情况（ *n*=225 ）

基本情况	类别	N（%）	M（SD）
年龄（岁）			28.6（3.1）
独生子女	是	47（24.1%）	
	否	148（75.9%）	
文化程度	小学	0（0.0%）	
	初中	9（4.6%）	
	高中	25（12.8%）	

续表

基本情况	类别	*N*（%）	*M*（SD）
文化程度	大专	78（40.0%）	
	本科及以上	83（42.6%）	
婚龄（年）	0~1	65（33.3%）	
	1~3	56（28.7%）	
	＞3	74（38.0%）	
家庭月收入（元）	0~5000	41（21.0%）	
	5000~10000	99（50.8%）	
	＞10000	55（28.2%）	
生育次数	初次	168（86.2%）	
	多次	27（13.8%）	
计划怀孕	计划	150（76.9%）	
	意外	45（23.1%）	
孕期并发症	有	37（19.0%）	
	无	158（81.0%）	
生产方式	顺产	110（56.4%）	
	剖宫产	85（43.6%）	

6.2.2 工具

1. 母胎依恋关系量表

母胎依恋关系量表，是由康登（1993）编制，用于测量母胎依恋水平的自陈量表。共 19 个条目，5 点计分。该问卷总分跨度 19~95，分数越高表明母胎关系水平越高。该问卷有"依恋的质量"和"依恋的强度"两个维度。母胎依恋关系量表根据两个维度的分数高低将依恋关系划分为四型：积极高投入型、积极低投入型、消极高投入型、消极低投入型。聂戈和范红霞（2017）的研究表明，该量表在中国孕妇群体中具有良好的心理测量学特性。本研究中量表的内部一致性系数为 0.77。

2. 母婴依恋关系量表

母婴依恋关系量表（maternal postpartum attachment scale，MPAS），是由康登和科金代尔（Corkindale）（1998）编制，用于测量母婴依恋水平的自陈量表。有 18 题，包括两个、三个、四个和五个选项的条目。每个条目的比重均为 5 分，并平均分配给每一个选项。该量表包含 5 个维度，分别是焦虑、互动的愉悦性、能力、接近的愉悦性、负担。该量表总分跨度 18~90，分数越高表明母婴依恋水平越高。研究表明，该量表在中国产妇群体中具有良好的心理测量学特性。本研究中量表的内部一致性系数为 0.73。

3. 爱丁堡产后抑郁量表

爱丁堡产后抑郁量表（Edinburgh postnatal depression scale，EPDS）是测量孕产妇抑郁程度的自陈量表。共 10 个条目，分别涉及心境、乐趣、自责、抑郁、恐惧、失眠、应付能力、悲伤、哭泣和自伤等，从 0（从未）～ 3（总是）四级评分，分数越高抑郁程度越高，9 分为筛查孕产妇抑郁症患者的临界值（Cox，Holden，Sagovsky，1987）。本研究中量表的内部一致性系数为 0.85。

4. 婚姻调适测验

婚姻调适测验（marital-adjustment test，MAT），是由洛克和华莱士（1959）编制，是对于整体婚姻质量的单一指标的测量工具，可在临床上区分满意和不满意的夫妻。共 15 个条目，总分 2~158 分，分数为 100 分或以上，代表婚姻质量较好，分值越高表示婚姻质量越高。马希权等人（2012）的研究表明，该量表在中国群体中具有良好的心理测量学特性。本研究中量表的内部一致性系数为 0.62。

6.2.3 研究程序

第一，经沟通了解，确定研究在北京某妇幼保健院产科门诊开展；第二，将该产科门诊的两位护士作为主试，对其进行有关的专业培训；第三，正式发放问卷，并将回收的问卷运用 SPSS19.0 进行资料处理与分析。在资料处理前，需要采用 Harman 单因素检验法对共同方法偏差进行检验（蔺秀云，2015）。对孕晚期孕妇填写的母胎依恋关系量表和爱丁堡产后抑郁量表的所有项目进行探索性因素分析，结果发现第一主成分解释了方差变异的 20.02%，小于 40% 的临界值。笔者对产后 6 周的产妇填写的母婴依恋关系量表和爱丁堡产后抑郁量表的所有项目进行探索性因素分析，结果发现第一主成分解释了方差变异的 21.95%，同样小于 40% 的临界值。结果证明不存在共同方法偏差。

6.3 结果

6.3.1 不同母胎依恋类型的产妇母婴依恋的状况比较

根据母胎依恋四个类别进行分组，对四组被试者在母婴依恋及其三个维度的得分进行方差分析。如表 6.2 所示，四组被试者在母婴依恋及其三个维度的得分上均存在显著差异（$p < 0.001$）。事后比较表明，积极专注型组在母婴依恋及其三个维度的得分均高于其他各组；在母婴依恋总分上，积极专注型组得分显著高于消极专注型组和消极冷漠型组（$p < 0.001$）；在依恋的质量维度上，积极专注型组得分显著高于消极专注型组和消极冷漠型组（$p < 0.001$）；在敌对的不存在性维度上，积极专注型组、积极冷漠型组得分显著高于消极冷漠型组（$p < 0.001$）；在互动的愉悦性维度上，积极专注型组得分显著高于消极专注型组和消极冷漠型组（$p < 0.001$）。

表 6.2 各类母胎依恋在母婴依恋及其各维度得分上的差异

维度	A1 积极专注型（$N = 106$）	A2 积极冷漠型（$N = 10$）	A3 消极专注型（$N = 12$）	A4 消极冷漠型（$N = 67$）	F	事后比较
母婴依恋	80.34 ± 6.27	76.72 ± 6.25	74.24 ± 7.59	73.87 ± 7.31	13.80^{***}	$1 > 3, 4$
依恋的质量	36.80 ± 4.18	34.75 ± 4.92	33.92 ± 3.90	33.57 ± 4.63	8.11^{***}	$1 > 3, 4$
敌对的不存在性	19.89 ± 3.06	19.49 ± 2.41	18.87 ± 2.21	17.82 ± 2.55	7.51^{***}	$1, 2 > 4$
互动的愉悦性	28.46 ± 1.62	27.82 ± 1.51	25.01 ± 3.34	26.79 ± 2.93	13.05^{***}	$1 > 3, 4$

注：$^*p < 0.05$，$^{**}p < 0.01$，$^{***}p < 0.001$，下同。

6.3.2　母婴依恋人口学变量的差异性分析

在人口学变量方面，母婴依恋在生育经历、孕期并发症上存在显著差异。与初产妇相比，经产妇的母婴依恋水平更高（$t = -2.98$，$p < 0.01$）。相比于孕期无并发症的产妇，孕期有并发症的产妇母婴依恋量表总分更低（$t = -2.21$，$p < 0.05$）。在分量表方面，计划怀孕与意外怀孕的产妇在母婴依恋互动的愉悦性维度（$t = 2.16$，$p < 0.05$）上存在显著差异。经产妇在母婴依恋的依恋质量维度（$t = -2.56$，$p < 0.05$）得分高于初产妇。有孕期并发症的产妇在母婴依恋的依恋质量维度（$t = -3.27$，$p < 0.01$）的得分更高。母婴依恋在其他变量（如年龄、婚龄、生产方式、独生子女、文化程度、家庭月收入等）上均无显著差异。见表 6.3。

表 6.3　母婴依恋人口学变量的差异性分析

变量	分组	$\bar{x}$	s	F/t	p
年龄（岁）	20~24	79.59	8.90	1.26	0.29
	25~29	77.32	7.40		
	30~34	77.11	7.23		
	35 及以上	81.68	5.55		
婚龄（年）	0~1	78.17	8.30	1.15	0.32
	1~3	76.30	7.84		
	>3	77.96	5.97		
独生子女	是	78.95	6.36	1.50	0.14
	否	77.11	7.62		

续表

变量	分组	$\bar{x}$	s	F/t	p
文化程度	初中及以下	74.79	8.90	0.71	0.55
	高中	78.13	9.01		
	大专	77.12	7.00		
	本科及以上	77.09	7.02		
家庭月收入（元）	0~5000	77.85	6.90	0.54	0.58
	5000~10000	77.03	8.11		
	>10000	78.27	6.23		
生产经历	初次	77.10	7.60	-2.98	0.004**
	多次	80.39	4.86		
生产方式	顺产	77.98	6.42	0.92	0.36
	剖宫产	77.00	8.43		
孕期并发症	有	75.17	8.21	-2.21	0.03*
	无	78.11	7.06		
计划怀孕	计划怀孕	77.98	7.16	1.48	0.14
	意外怀孕	76.13	7.91		

6.3.3 母婴依恋与母胎依恋、婚姻质量、产后抑郁的描述统计及其相关分析

调查组对孕晚期的母胎依恋和产后 6 周抑郁水平、婚姻质量和母婴依恋情况进行了测量，各变量的平均数、标准差和相关分析结果见表 6.4。母婴依恋与母胎依恋、婚姻质量、产后抑郁之间均存在一定程度的相关。

表 6.4　母婴依恋与母胎依恋、产后抑郁、婚姻质量之间的相关矩阵

变量	M	SD	1	2	3
母胎依恋	75.29	6.41	1		
婚姻质量	119.52	18.48	0.48***	1	
产后抑郁	4.71	3.45	−0.24**	−0.35***	1
母婴依恋	77.55	7.36	0.46***	0.28***	−0.43***

6.3.4　母婴依恋与各变量之间的回归分析

采用分层回归的方法，在控制母亲年龄、文化程度、生产经历、孕期并发症等变量的基础上，考察母胎依恋、产后抑郁、婚姻质量对母婴依恋各维度的预测作用。如表 6.5 所示，母胎依恋、产后抑郁对母婴依恋的预测作用显著，婚姻质量对母婴依恋的各个维度的预测作用均不显著。母胎依恋在母婴依恋的依恋质量、敌对的不存在性和互动的愉悦性三个维度上的预测效力显著；产后抑郁在母婴依恋的依恋质量和敌对的不存在性两个维度上的预测效力显著；婚姻质量对母婴依恋的互动的愉悦性维度的预测作用显著。

表 6.5　母婴依恋与各变量之间的回归分析

变量		B	β	p	R^2
母婴依恋	第一步				0.06
	年龄	0.08	0.03	0.70	
	文化程度	0.74	0.09	0.24	
	生产经历	3.22	0.15	0.07	
	孕期并发症	3.15	0.17	0.02*	

变量		B	β	p	R²
母婴依恋	第二步				0.32
	母胎依恋	0.53	0.39	0.00***	
	产后抑郁	−0.74	−0.35	0.00***	
	婚姻质量	−0.010	−0.02	0.74	
母婴依恋——依恋的质量	第一步				0.04
	年龄	−0.03	−0.07	−0.08	
	文化程度	−0.01	−0.01	−0.13	
	生产经历	0.643	0.348	0.07	
	孕期并发症	0.42	0.16	0.11	
	第二步				0.26
	母胎依恋	0.29	0.35	0.00***	
	产后抑郁	−0.40	−0.30	0.00***	
	婚姻质量	−0.02	−0.06	0.66	
母婴依恋——敌对的不存在性	第一步				0.03
	年龄	−0.03	−0.03	0.74	
	文化程度	0.051	0.014	0.86	
	生产经历	10.30	0.15	0.09	
	孕期并发症	0.32	0.04	0.56	
	第二步				0.18
	母胎依恋	0.08	0.15	0.04*	
	产后抑郁	−0.32	−0.37	0.00***	
	婚姻质量	−0.03	−0.02	0.76	
母婴依恋——互动的愉悦性	第一步				0.03
	年龄	0.10	0.12	0.17	
	文化程度	0.15	0.05	0.54	
	生产经历	−0.07	−0.01	0.92	
	孕期并发症	0.41	0.07	0.37	

续表

变量		B	β	p	R^2
母婴依恋—— 互动的愉悦性	第二步				0.20
	母胎依恋	0.20	0.44	0.00***	
	产后抑郁	−0.07	−0.09	0.08*	
	婚姻质量	−0.01	−0.07	0.04*	

6.4　讨论

6.4.1　母婴依恋的国内现状

结果显示，在母婴依恋的整体水平上，国内孕妇母婴依恋的情况（$M = 77.17$，SD $= 7.14$）与来自意大利和荷兰的研究结果基本一致（Scopesi，et al.，2004；Van Bussel，et al.，2010）。

在人口学变量方面，与初产妇相比，经产妇的母婴依恋量表总分更高（$t = −2.98$，$p < 0.01$）。由于经产妇在育儿方面的经验更丰富，她们为迎接新生命所做的生理、心理等各方面的准备更充分，母婴依恋的整体水平更高。因此，该研究结果与我国实际情况相符。相比无孕期并发症的产妇，有孕期并发症的产妇母婴依恋量表总分更低（$t = −2.21$，$p < 0.05$）。孕期并发症可能给母亲孕期及产后带来心理压力，使产妇产生焦虑、抑郁情绪，无法全身心地投入到对婴儿的照顾和互动中，从而阻碍了母婴依恋的发展。计划怀孕与意外怀孕的产妇在母婴依恋互动的愉悦性维度（$t = 2.16$，$p < 0.05$）和负担维度（$t = 2.32$，$p < 0.05$）

存在显著差异。此结果表明，相比计划怀孕，意外怀孕的产妇可能因为对新生命到来所做的物质、经济、心理等各方面的准备不够充分而产生较大的负担，这种负担与压力也会使产妇无法全身心地投入到对婴儿的照顾和互动中，从而降低了母亲与婴儿互动中的愉悦性体验。经产妇在母婴依恋的依恋质量维度（$t = -2.56$，$p < 0.05$）得分高于初产妇。此结果表明，相比初产妇，经产妇照顾婴儿和与婴儿互动的经验更丰富，因此在这个过程中感到的焦虑水平更低，对自身的能力更自信。而母婴依恋在其他变量（如母亲年龄、独生子女、文化程度、家庭月收入、生产方式等）上均无显著差异。此结果打破了大众对于"独生子女""经济基础"等对母婴依恋早期发展影响的固有印象。

6.4.2　母婴依恋与母胎依恋的关系

母亲对于孩子的依恋并不是在孩子出生之后才开始的，而是在怀孕期间就产生了（Cranley，1981）。母婴依恋是由母胎依恋关系发展而来，并受母胎依恋的影响。本研究结果证实了母胎依恋与母婴依恋之间存在显著的正相关，且母胎依恋对母婴依恋的预测效度。此研究结果与穆勒（1996）、西迪基与哈格（Hägglöf）（2000）、范布塞尔等（2010）的研究结论是一致的。研究表明孕晚期母胎依恋的水平对于母婴依恋的发展有重要的影响，良好的母胎依恋关系可以为母婴依恋的发展奠定基础。而在母婴依恋的各个维度上，母胎依恋对母婴依恋的依恋质量、敌对的不存在性和互动的愉悦性三个维度都有显著的正向影响。研究结果表明，母胎依恋对于产后母亲与婴儿关系的影响是全方位的，它不仅影响产后母亲与婴儿亲近和互动的愿望，也影响母亲对于婴儿的愤怒和消极情绪以及作为母亲的自信与满足等方面。这个发现提醒我们，在今后的临床工作中，应当考虑将母胎依恋纳入对孕妇的产前检查中，对孕妇母胎依恋进行考察与评估，为产后母婴依恋发展奠定良好的基础。

6.4.3 母婴依恋与产后抑郁、婚姻质量的关系

抑郁是女性产后阶段比较常见的情绪障碍。抑郁与多方面因素相关，总的来说是生理因素（如激素水平变化）、心理社会因素（如家庭、社会角色的转变）等相互作用的结果。国内产妇产后 42 天抑郁的发生率为 10%~15%（彭敏和陈燕桢，2012；张红等，2009；张颖，2008）。抑郁情绪可以对母婴依恋产生消极影响，而这种影响可能通过对母亲内部依恋模式的消极作用而产生，也可能通过影响母亲对待关系的态度而产生（Scharfe，2007）。本研究发现，产妇的抑郁程度能直接预测母婴依恋的水平，且两者存在显著的负相关，这一结果与以往的研究结论是一致的（Alhusen，et al.，2012；Goecke，et al.，2012；Lindgren，2001）。这个发现提醒我们，母婴依恋虽反映的是母亲与婴儿建立起来的情感连接的质量与强度，但其深受母亲抑郁情绪的影响。在今后对母婴依恋的预防与干预工作中，应当对产妇的抑郁情绪进行考察与评估。

本研究还发现，母婴依恋与婚姻质量也存在一定程度的正相关。婚姻质量虽然对母婴依恋的预测作用不显著，但在母婴依恋的互动愉悦性维度上有显著的预测效力。研究结果表明，积极的夫妻关系虽然不能直接影响母婴依恋关系，但是，它可以帮助母亲克服心理的脆弱与压力，树立作为母亲的自信与满足，使母亲更有意愿、有自信地照顾婴儿。

6.5　结论

本章研究结论如下：

（1）国内孕妇的母婴依恋的情况与已有研究基本一致，无孕期并发症的初产妇母婴依恋的整体水平更高。

（2）母胎依恋与母婴依恋之间存在正相关，且母胎依恋对母婴依恋的预测效度。

（3）产后抑郁与母婴依恋之间存在负相关，且产妇的抑郁程度能直接预测母婴依恋的水平。

第7章　母胎依恋与
婴儿早期睡眠的关系

7.1　引言

睡眠是一种主动的、复杂的生理和行为过程，受管理睡眠和觉醒的中枢神经系统中某些特定部位的控制。对处于生长发育快速期的婴儿，睡眠的重要性更为显著。良好的睡眠是婴儿体格、认知、情绪、行为及学习记忆等多方面功能领域健康发展的重要基础，婴儿睡眠状况已成为父母关注的焦点之一。睡眠是新生儿最主要的生命活动，睡眠状况的好坏以及持续时间对于新生儿尤为重要。

考虑到婴儿生命最初三年与主要照顾者之间的关系建立，新生儿的睡眠情况与其依恋系统的发展也紧密相关(Anders，Goodlin-Jones，Sadeh，2000)。通常，新生儿一天需要 16~18 小时的睡眠，睡眠—觉醒状态交替为 3~4 小时一次循环

（Anders，1994）。随着婴儿的成长，满一个月的新生儿开始适应昼夜交替的循环，他们夜间的睡眠碎片开始减少（Sher，1998）。婴儿在睡眠过程中与母亲的分离与团聚体验激发着其依恋系统的发展。通过母亲与婴儿之间互动的一致性与可预测性，婴儿逐渐发展出自身的睡眠模式。如果母亲不能在婴儿睡前给予一个安全的睡前体验，将可能导致孩子出现睡眠问题，例如，入睡困难，频繁夜醒等（Anders，1994）。一些研究发现孕晚期的母胎依恋与婴儿的早期睡眠情况有一定的相关（Spletzer，O'Beirne，Bishop，2008）。虽然，母胎依恋不能完全预测产后母亲给予婴儿规律睡眠的能力，但是，孕晚期的母胎依恋水平还是在一定程度上预测了她与新生儿的互动能力和给予其安全的睡前体验的能力。

因此，本研究通过对孕晚期孕妇的母胎依恋情况以及追踪其产后6周大的婴儿的睡眠情况进行问卷调查，同时收集婴儿自出生以来的生长发育资料，试图了解6周大的婴儿的睡眠及各方面的状况，本研究的目的在于为探讨母胎依恋与婴儿的早期睡眠情况的关系。

7.2 对象与方法

7.2.1 被试

本研究在北京市某妇幼保健院的产科门诊进行取样，选取 ≥ 18 岁、具备读写中文能力、无严重身心病症、且处于孕晚期的孕妇作为被试，并在她们产后

6 周对其婴儿睡眠情况进行调查。发放问卷 170 份，其中有效问卷 142 份，回收率为 83.53%。被调查孕妇中，孕周 35~39 周，平均孕周为 37.84 周（SD = 1.36），年龄 20~37 岁，平均年龄 28.12 岁（SD = 2.87）。所有新生儿均为足月，其中，顺产为 87 人（61.27%），剖宫产为 55 人（38.73%）。所有被试均是在了解研究目的的情况下自愿参加调查，并亲自书写问卷。

7.2.2　工具

母胎依恋关系量表，是由康登（1993）编制，用于测量母胎依恋水平的自陈量表。共 19 个条目，5 点计分。该问卷总分跨度 19~95，分数越高表明母胎关系水平越高。该问卷有"依恋的质量"和"依恋的强度"两个维度。母胎依恋关系量表根据两个维度的分数高低将依恋关系划分为四型：积极高投入型、积极低投入型、消极高投入型、消极低投入型。聂戈和范红霞（2017）的研究表明，该量表在中国孕妇群体中具有良好的心理测量学特性。本研究中量表的内部一致性系数为 0.77。

采用罗园（2011）编制的婴儿睡眠状况问卷，收集婴儿出生以及 6 周体检的生长发育资料（包括出生身长、体重、分娩方式、是否足月，6 周的身长、体重），以及 6 周时的睡眠间断次数、最长睡眠时间和总睡眠时长等信息。

7.2.3　研究程序

第一，经沟通了解，确定研究在北京某妇幼保健院产科门诊开展；第二，将该产科门诊的两位护士作为主试，对其进行有关的专业培训；第三，正式发放问卷，并将回收的问卷运用SPSS19.0进行资料处理与分析。

7.3 结果

7.3.1 婴儿的基本情况

表7.1为婴儿的生长发育基本情况，在被调查的142名婴儿中，婴儿出生时的身长和体重均不存在性别差异。而到了6周后，男婴与女婴在身高与体重上均呈现显著差异，具体表现为男婴身高显著高于女婴（$p < 0.01$），体重也显著高于女婴（$p < 0.01$）。

表 7.1　婴儿生长发育一般情况

性别	人数	出生身高（厘米）	出生体重（千克）	6周身高（厘米）**	6周体重（千克）**
男	77	49.8 ± 1.9	3.27 ± 0.53	67.7 ± 2.3	7.85 ± 0.69
女	65	49.8 ± 1.4	3.26 ± 0.46	66.2 ± 2.1	7.43 ± 0.55
合计	142	49.8 ± 1.7	3.26 ± 0.50	67.1 ± 2.2	7.65 ± 0.63

注：* 表示 $p < 0.05$；** 表示 $p < 0.01$。

7.3.2 婴儿6周时的睡眠情况

表7.2描述了142名婴儿6周时的睡眠情况，包括他们最长睡眠、睡眠间

断次数和睡眠总时间等方面的情况。其中，婴儿睡眠总时间平均 17.1 小时，白天与夜间单次睡眠最长持续时间分别为 3.0 小时、3.5 小时，夜间单次睡眠持续时间较白天长（$p < 0.01$）。女婴在睡眠总时间、白天、夜间单次睡眠持续时间上均长于男婴（$p < 0.05$），而睡眠间断次数显著少于男婴（$p < 0.05$）。

表 7.2　婴儿 6 周时的睡眠情况

性别	睡眠总时间 （小时）*	白天睡眠持续时间 （小时）*	夜间睡眠持续时间 （小时）*	睡眠间断次数 *
男	16.9 ± 2.7	2.9 ± 0.9	3.4 ± 1.1	3.6 ± 1.7
女	17.2 ± 2.6	3.0 ± 1.1	3.6 ± 1.1	3.4 ± 1.4
合计	17.1 ± 2.6	3.0 ± 1.0	3.5 ± 1.1	3.5 ± 1.6

7.3.3　婴儿睡眠与母胎依恋的关系

表 7.3 呈现了婴儿睡眠与母胎依恋的相关情况，婴儿睡眠总时间、睡眠间断次数与母胎依恋有一定程度的相关（$p < 0.05$），而白天睡眠持续时间、夜间睡眠持续时间均与母胎依恋不存在相关。

表 7.3　婴儿睡眠与母胎依恋的相关矩阵

变量	1	2	3	4
1. 睡眠总时间（小时）	1			
2. 白天睡眠持续时间（小时）	0.45**	1		
3. 夜间睡眠持续时间（小时）	0.47**	0.34**	1	
4. 睡眠间断次数	−0.42**	−0.37**	−0.32**	1
5. 母胎依恋	−0.28*	0.06	0.05	−0.17*

7.4　讨论

7.4.1　六周龄婴儿睡眠的情况

本研究中 6 周龄婴儿平均总睡眠时间为 17.1 小时，与黄小娜、王惠珊、蒋竞雄等（2008）对中国城市 0~6 个月儿童睡眠状况调查得出的结果基本一致。本研究发现 6 周龄婴儿平均夜间单次睡眠时间为 3.5 小时，平均白天单次睡眠时间为 3.0 小时，与希斯科克（Hiscock）等人（2001）对新生儿持续睡眠时间为 2.5~4.0 小时的研究基本一致。女婴在睡眠总时间、白天 / 夜间单次睡眠持续时间上均长于男婴（$p < 0.05$），而睡眠间断次数显著少于男婴（$p < 0.05$），此结果也与罗园（2011）的研究一致。

7.4.2　婴儿睡眠与母胎依恋的关系

一方面，6 周龄婴儿总睡眠时间与母胎依恋呈显著的负相关，即随着母胎依恋得分的增加，婴儿总睡眠时间呈下降趋势。这个研究发现提醒我们，母胎依恋水平较高的母亲产后可能在婴儿身上投入更多的时间，尤其在孩子生命最初的一个多月。或许，这些母胎依恋水平较高的母亲对于母婴联结的感受性更强，因此与婴儿的互动更积极；而婴儿会被这些互动积极、感受到紧密联结的母亲唤醒，因此，与母胎依恋水平较低的婴儿相比，他们可能睡眠的总时间略少一些。另一方面，睡眠间断次数与母胎依恋呈显著的负相关，即随着母胎依恋得分的增加，睡眠间断次数呈下降趋势。母胎依恋水平较高的婴儿片段化的睡眠更少，这主要体现在睡眠的规律性更好，夜醒等不良睡眠的问题更少。此结果表明，母胎依恋水平较高的婴儿并不会因睡眠的总时间略少而影响睡眠质量，相反，他们的睡眠质量可能相对更高一些。

对母亲来说，最初一个月与婴儿的互动任务主要是建立婴儿在饮食、睡眠—觉醒、活动等方面的规律性。而母婴互动主要受母婴双方的内部工作模式影响，尤其是母亲对于婴儿的描述、期待与想象（Stern，1995）。产妇具有较高的母胎依恋水平，可以更良好地与婴儿建立互动，从而有利于帮助婴儿在最初一个月的生命里逐步建立饮食、睡眠—觉醒、活动等方面的规律性。

7.5　结论

本研究结论如下：

（1）本研究中 6 周龄婴儿在平均睡眠总时间、白天、夜间单次睡眠持续时间以及睡眠间断次数的结果与已有国内外研究基本一致。

（2）婴儿睡眠总时间、睡眠间断次数与母胎依恋存在负相关（$p < 0.05$），而白天睡眠持续时间、夜间睡眠持续时间均与母胎依恋不存在显著相关。

第8章 总 结 论

8.1 研究结论

总体来看，国内母胎依恋现状与西方已有研究基本一致。但是，与西方已有研究相比，国内母胎依恋也显现出自己的特征，具体表现在，中国母亲在孕期普遍对胎儿投入的精力较多，但依恋的质量略低于西方国家。这主要与我国独特的生育文化、生育观念以及生育政策有关。在影响母胎依恋的人口学因素方面，计划怀孕并处于孕晚期的孕妇的母胎依恋关系水平更高。

在前人理论与实证研究的基础上，建构起一个孕期抑郁、早期依恋经历、婚姻质量与母胎依恋四者之间有调节的中介模型（见图8.1），即孕期抑郁可能在婚姻质量与母胎依恋之间起中介作用。母亲早期依恋经历可调节婚姻质量对母胎依恋的影响，表现为婚姻质量对母胎依恋的预测在低早期依恋经历的孕妇中更显著。这个模型提醒我们，一方面，母胎依恋虽反映的是母亲与胎儿建立起来的情感联结的质量与强度，但其深受母亲抑郁情绪的影响。在今后对母胎依恋的预防与干预工作中，应当对孕妇的抑郁情绪进行考察与评估；另一方面，在今后的工作中，不仅要关注孕妇的婚姻质量，也要对其早期依恋经历有所了解。对于早期依恋经历较差的孕妇，她们可能更需要来自伴侣的支持和陪伴。良好的婚姻关系可以补偿早期依恋经历的不足。

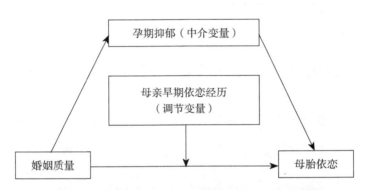

**图 8.1　孕期抑郁、母亲早期依恋经历、婚姻质量
与母胎依恋之间有调节的中介模型**

母婴依恋是由母胎依恋关系发展而来，并受母胎依恋的影响。在母胎依恋与母婴依恋的关系上，两者紧密相关，即母胎依恋与母婴依恋之间存在正相关，且母胎依恋对母婴依恋的预测效度。另外，抑郁情绪可以对母婴依恋产生消极影响，具体表现为产妇的抑郁程度能直接预测母婴依恋的水平，且两者存在显著的负相关。因此，良好的母胎依恋不仅有利于孕期适应和胎儿的健康发展，也为产后的亲子关系奠定了基础。

婴儿睡眠也与母胎依恋紧密相关，呈现出 6 周龄婴儿在总睡眠时间、睡眠间断次数均与母胎依恋呈显著的负相关，即随着母胎依恋得分的增加，婴儿总睡眠时间和睡眠间断次数均呈下降趋势。这提示我们，孕期发展出良好母胎依恋，可以使母亲在产后阶段更良好地与婴儿建立互动，从而有利于帮助婴儿在最初一个月的生命里逐步建立饮食、睡眠—觉醒、活动等方面的规律性。

8.2 研究的创新之处

8.2.1 建构了母胎依恋的影响因素模型

在实践观察和文献分析的基础上，本研究不仅建构了符合母胎依恋的影响因素模型，还为今后对母胎依恋的预防与干预工作提供了理论支持。

8.2.2 探讨了母胎依恋与母婴依恋、婴儿睡眠的关系

本研究对母胎依恋及产后母婴情况进行了追踪研究，更加全面地了解了母胎依恋对于产后的影响。弥补了已有横断研究无法纵观整个亲子关系早期发展过程的空白，并为母胎依恋在临床实践中的重要性提供了科学的证据。

8.2.3 填补了我国在母胎依恋研究上的空白

本研究在中国的背景之下对母胎依恋进行探讨，验证了母胎依恋的研究结果具有跨文化的一致性。

8.3　研究的不足与未来展望

在追踪研究中，考虑到样本流失的问题而缩短了追踪的时间跨度。在今后的研究中，应加强对被试招募与管理的工作，以保障研究的有效性和系统性。

在研究计划中，由于时间、人员限制，本研究只对母胎依恋的影响因素进行探究，为干预研究提供的理论基础，而没有设计干预研究。在今后的研究中，应在此研究基础上设计干预研究，为干预母胎依恋提供干预措施。

前人的研究已关注到父胎依恋对孩子早期发展的影响以及父胎依恋与母胎依恋的相互作用。本研究只关注了母胎依恋的发展，在今后的研究中，应加入父胎依恋作为研究对象，在父母系统中研究两者之间的发展关系以及对孩子早期发展产生的影响。

参 考 文 献

陈琳，桑标，2005.依恋模式的代际传递性 [J]. 心理科学进展，13（3）: 267—275.

陈焱，汤月芬，漆琨，等，2006.孕期和产后焦虑、抑郁的随访及社会心理因素分析 [J]. 上海医学，3（2）: 21—23.

邓雪英，周静，周启良，2014.母胎依恋关系理论的发展与应用现状 [J]. 医学综述，14（20）: 2588—2590.

胡平，孟昭兰，2003.城市婴儿依恋类型分析及判别函数的建立 [J]. 心理学报，35（2）: 201—208.

贾彩丽，王立军，陆亚娟，等，2016.孕晚期妇女抑郁现状及其影响因素分析 [J]. 护理研究，30（33）: 4134—4137.

李利娜，陈瑞君，徐冬梅，2007.婚姻质量与妊娠中后期抑郁焦虑情绪的关系 [J]. 中国妇幼保健，22（19）: 2634—2636.

梁宗保，张光珍，邓慧华，等，2013.从婚姻关系到亲子关系：父母情绪表达的中介作用 [J]. 心理学报，45（12）: 1355—1367.

罗园，2011.1月龄婴儿的睡眠状况及影响因素分析 [D]. 华中科技大学硕士学位论文.

蔺秀云，黎燕斌，张玉麟，等，2015. 父母亲职压力与儿童对立违抗行为的关系：一项交叉滞后分析 [J]. 心理与行为研究，13（2）：153—161.

彭敏，陈燕桢，2012. 孕期抑郁症与产后抑郁症的关系及其相关因素的分析 [J]. 中国实用医药，7（2）：16—17.

聂戈，范红霞. 母胎依恋关系量表的修订及信效度检验 [J]. 中国临床心理学杂志.

王朝，肖晶，王争艳，等，2012. 成人对父母的依恋经历调查问卷的编制 [J]. 中国心理卫生杂志，26（8）：626—631.

温忠麟，吴艳，2010. 潜变量交互效应建模方法演变与简化 [J]. 心理科学进展，18（8）：1306—1313.

张红，李晨虎，沈文龙，等，2009. 产后抑郁症患者的心理社会因素分析 [J]. 四川精神卫生，22（4）：206—208.

张颖，2008. 产后抑郁影响因素分析 [J]. 全国生育健康学术研讨会，23：4170—4172.

钟鑫琪，静进，2007. 儿童依恋的研究现状 [J]. 中国儿童保健杂志，15（1）：59—61.

威廉，2015. 心理治疗中的依恋——从养育到治愈，从理论到实践 [M]. 巴彤，等译. 北京：中国轻工业出版社.

ANDERS T F，1994. Infant Sleep，Nighttime Relationships，and Attachment [J]. Psychiatry，57：11—21.

ANDERS T F，GOODLIN-JONES B L，SADEH A，2000. Sleep Disorders [M]. In C. H. Zeanah（Ed.），Handbook of Infant Mental Health（2nd ed.，pp. 326—338）. New York：Guilford Press.

AKER S，DÜNDAR C，PEKSEN Y，2005. Two Vitaly Concept of Measurement Instruments：Validity and Reliability [J]. Journal of Experimental and Clinical Medicine，22：50—60.

ALHUSEN J L，GROSS D，HAYAT M J，et al.，2012. The Role of Mental Health on Maternal-fetal Attachment in Low Income Women [J]. Journal of Obstetric Gynecologic and Neonatal Nursing，41：71—81.

AINSWORTH M D，BLECHAR M C，WATER E.，et al.，1978. Patterns of Attachment：A Psychological Study of the Strange Situation [M]. Hillsdale，NJ：Eribaum：335—389.

BERGHA B V，SIMONSA A，2009. A review of Scales to Measure the Mother-foetus Relationship [J]. Journal of Reproductive and Infant Psychology，27：114—126.

BIELAWSKA-BATOROWICZ E，Siddiqui A，2008. A study of Prenatal Attachment with Swedish and Polish Expectant Mothers [J]. Journal of Reproductive and Infant Psychology，26（4）：373—384.

BOUCHARD G，2011. The Role of Psychosocial Variables in Prenatal Attachment：an Examination of Moderational Effects [J]. Journal of Reproductive and Infant Psychology，29（3）：197—207.

BOWLBY J，1982. A Secure Base [M]. New York：Basic Books：32—89.

BOWLBY J，1973. Attachment and Loss [M]. Separation：Anxiety and Anger（v01）. New York：Basic Books：25—225.

BOWLING A，EBRAHIM S，2005. Handbook of Health Research Methods：Investigation，Measurement and Analysis [M]. Glasgow：Open University Press，Bell and Bain Ltd.

COHEN P，COHEN J，AIKEN L S，et al.，1999. The Problem of Units and the Circumstance for POMP.Multivariate [M]. Behavioral Research，34：315—346.

CONDON J T，1993. The assessment of antenatal emotional attachment：Development of a questionnaire instrument [J]. British Journal of Medical Psychology，66：17.

CONDON J T，CORKINDALE C，1997. The Correlates of Antenatal Attachment in Pregnant Women [J]. British Journal of Medical Psychology，70：359—372.

COX J，HOLDEN J，SAGOVSKY R，1987. Detection of Postnatal Depression [J]. Development of the 10-item Edinburgh Postnatal Depression Scale. Br J Psychiatry，150：782—786.

CRANLEY M S，1981. Development of a Tool for the Measurement of Maternal Attachment During Pregnancy [J]. Nursing Research，30：281—284.

DAMATO E G, 2004. Prenatal attachment and other correlates of postnatal maternal attachment to twins [J]. Advances in Neonatal Care, 4（5）: 274—291.

DE COCK ESA, MAAS AJBM, VREESWIJK CMJM, et al., 2011. Maternal prenatal attachment and mother-infant interaction at 6 months of age [G]. Paper presented at the 15th European Conference on Developmental Psychology, Bologna.

DENIS, CALLAHAN, BOUVARD, 2015. Examination of the psychometric properties of the French translation of the Maternal Antenatal Attachment Scale（MAAS）[J]. Encephale-Revue De Psychiatrie Clinique Biologique Et Therapeutique, 41 : 32—38.

DIETZ P M, WILLIAMS S B, CALLAGHAN W M, et al., 2007. Clinically identified maternal depression before, during, and after pregnancies ending in live births [J]. Am. J. Psychiatry, 164 : 1515—1520.

DUBBER S, RECK C, MÜLLER M, et al., 2014. Postpartum bonding : the role of perinatal depression, anxiety and maternal-fetal bonding during pregnancy [J]. Arch Womens Ment Health, 18（2）: 187—195.

EVANS J, HERON J, FRANCOMB H, et al., 2001. Cohort study of depressed mood during pregnancy and after childbirth [J]. BMJ, 323 : 257—260.

FELDMAN J B, 2007. The effect of support expectations on prenatal attachment : An evidence-based approach for intervention in an adolescent population [J]. Child and Adolescent Social Work Journal, 24 : 209—234.

FIELD T, 2010. Postpartum depression effects on early interactions, parenting, and safety practices : a review [J]. Infant Behavior & Development, 33（1）: 1—6.

FIELD T, 1998. Maternal depression effects on infants and early interventions [J]. Preventive Medicine, 27（2）: 200—203.

GOECKE T W, VOIGT F, FASCHINGBAUER F, et al., 2012. The association of prenatal attachment and perinatal factors with pre- and postpartum depression in first-time mothers [J].

Archives of Gynecoiogy and Obstetrics, 286（2）: 309—316.

GOLBASI Z, UCAR T, TUGUT N, 2015. Validity and reliability of the Turkish version of the Maternal Antenatal Attachment Scale [J]. Jpn J Nurs Sci, 12（2）: 154—161.

HART R, MCMAHON C A, 2006. Mood state and psychological adjustment to pregnancy [J]. Arch Womens Ment Health, 9（6）: 329—337.

HJELMSTEDT A, WIDSTRÖM A, COLLINS A, 2006. Psychological correlates of prenatal attachment in women who conceived after In Vitro Fertilization and women who conceived naturally [J]. Birth, 33 : 303—310.

JANSEN J, WEERTH C, RIKSENWALRAVEN J, 2008. Breastfeeding and the mother-infant relationship—A review [J]. Developmental Review, 28（4）: 503—521.

KENNY D A, 1975. Cross-lagged panel correlation : A test for spuripousness [J]. Psychological Bulletion, 82（6）: 887—903.

KUMAR R C, 1997. "Anybody's child" : severe disorders of mother-to-infant bonding [J]. Br J Psychiatry, 171 : 175—81.

LAHEY B B, 2009. Public health significance of neuroticism [J]. American Psychologist, 64 : 241—256.

LAWRENCE E, NYLEN K, COBB R J, 2007. Prenatal expectations and marital satisfaction over the transition to parenthood [J]. J Fam Psychol, 21（2）: 155—164.

LEIFER M, 1980. Psychological effects of motherhood : A study of first pregnancy [M].New York : Praeger.

LINDGREN K, 2001. Relationships among maternal-fetal attachment, prenatal depression, and health practices in pregnancy [J]. Research in Nursing, Health, 24 : 203—217.

LOCKE H J, WALLACE K M, 1959. Short Marital-Adjustment and Prediction Tests : Their Reliability and Validity [J]. Marriage, Family Living, 21（3）: 251—255.

MAIN M, SOLOMON J, 1986. Discovery of an insecure—disorganized/disoftented attachment pattern [J]. In : Yogman M, Brazeltion T Bed. Affective development in infancy. Norwood, NJ : Ablex, 95—125.

MAKO H S, DEAK A, 2014. Reliability and Validity of the Hungarian Version of the Maternal Antenatal Attachment Scale [J]. International Journal of Gynecological and Obstetrical Research, 2 : 2—14.

MCFARLAND J, SALISBURY A, BATTLE C, et al., 2011. Major depressive disorder during pregnancy and emotional attachment to the fetus [J]. Arch Womens Ment Health, 14（5）: 425—434.

MOEHLER E, KAGAN J, PARZER P, et al., 2007. Childhood behavioral inhibition and maternal symptoms of depression [J]. Psychopathology, 40（6）: 446—452.

MÜLLER M E, 1996. Prenatal and postnatal attachment : a modest correlation [J]. J Obstet Gynecol Neonatal Nurs, 25（2）: 161—166.

MÜLLER M E, 1993. Development of the prenatal attachment inventory. Western Journal of Nursing Research, 15（2）: 199—215.

MURRAY L, HIPWELL A, HOOPER R, et al., 1996. The cognitive development of 5-year-old children of postnatally depressed mothers [J]. Child Psychol. Psychiatry, 37 : 927—935.

NAVARRO-ARESTI, IRAURGI, IRIARTE, et al., 2015. Maternal Antenatal Attachment Scale（MAAS）: adaptation to Spanish and proposal for a brief version of 12 items [J]. Archives of Women's Mental Health : 1—9.

NUNNALLY J, BERNSTEIN I, 1994. Psychometric theory [M]. New York : McGraw Hill.

OHARA M, OKADA T, KUBOTA C, et al., 2016. Validation and factor analysis of mother-infant bonding questionnaire in pregnant and postpartum women in Japan [J]. BMJ Psychiatry, 16 : 212—219.

OHOKA H, KOIDE T, GOTO S, et al., 2014. Effects of maternal depressive symptomatology during pregnancy and the postpartum period on infant-mother attachment [J]. Psychiatry Clin

Neurosci, 68（8）: 631—639.

O'KEANE V, MARSH M S, 2007. Depression during pregnancy [J]. BMJ, 334: 1003—1005.

OSSA X, BUSTOS L, FERNANDEZ L, 2012. Prenatal attachment and associated factors during the third trimester of pregnancy in Temuco, Chile [J]. Midwifery, 28（5）: 689—696.

POLLOCK P H, PERCY A, 1999. Maternal antenatal attachment style and potential fetal abuse [J]. Child Abuse and Neglect, 23: 1345—1357.

PREACHER K J, RUCKER D D, HAYES A F, 2007. Addressing moderation hypotheses: Theory, methods, and prescriptions [J]. Multivariate Behavioral Research, 42（1）: 185—227.

PRIEL B, BESSER A, 2000. Adult attachment styles, early relationships, antenatal attachment, and perceptions of infant temperament: A study of first-time mothers [J]. Personal Relationships, 7: 291—310.

PALLANT J, 2005. SPSS survival manual: A step by step guide to data analysis using SPSS for windows（2nd edn）[M]. Sydney, NSW: Sabon By Bookhouse.

PAJULO M, HELENIUS H, MAYES L, 2006. Prenatal views of baby and parenthood: Association with sociodemographic and pregnancy factors [J]. Infant Mental Health Journal, 27: 229—250.

POLIT D F, BECK C T, 2004. Nursing research: principles and methods [M]. 7th edition. Philadelphia（PA）: Lippincott, Williams, Wilkins.

ROSSEN L, HUTCHINSON D, WILSON J, et al., 2016. Predictors of postnatal mother-infant bonding: the role of antenatal bonding, maternal substance use and mental health [J]. Arch Womens Ment Health, 19: 609—622.

RUBIN R, 1984. Maternal identity and the maternal experience [M]. New York: Springer Publishing Company.

SALISBURY A, LAW K, LAGASSE L, et al., 2003. Maternal-fetal attachment [J]. JAMA:

the Journal of the American Medical Association, 289 : 1701.

SANDBROOK S P, ADAMSON-MACEDO E N, 2004. Maternal-fetal attachment : Searching for a new definition [J]. Neuroendorcinology Letters, 25 : 169—182.

SCHARFE E, 2007. Cause or consequense? : exploring causal links between attachment and depression [J]. J Soc Clin Psychol, 26 : 1048—1064.

SHER M S, 1998. Understanding sleep ontogeny to assess brain dysfunction in neonates and infants [J]. Journal of Child Neurology, 13 : 467—474.

SIDDIQUI A, HAGGLÖF B, 2000. Does maternal prenatalattachment predict postnatal mother-infant interaction? [J]. Early Human Development, 59 : 13—25.

SIDDIQUI A, HAGGLÖF B, EISEMANN M, 1999. An exploration of prenatal attachment in Swedish expectant women [J]. Journal of Reproductive and Infant Psychology, 17 : 369—380.

STERN D, 1995. The motherhood constellation [M]. New York : BasicBooks.

VAN BUSSEL J C, SPITZ B, DEMYTTENAERE K, 2010. Three self-report questionnaires of the early mother-to-infant bond : reliability and validity of the Dutch version of the MPAS, PBQ and MIBS [J]. Arch Womens Ment Health, 13（5）: 373—384.

VAN DEN BERGH B, SIMONS A, 2009. A review of scales to measure the mother-foetus relationship [J]. Journal of Reproductive and Infant Psychology, 27（2）: 114—126.

VEDOVA A M D, DABRASSI F, IMBASCIATI A, 2008. Assessing prenatal attachment in a sample of Italian women [J]. Journal of Reproductive and Infant Psychology, 26（2）: 86—98.

WISNER K L, SIT D K, MCSHEA M C, et al., 2013. Onset timing, thoughts of self-harm, and diagnoses in postpartum women with screen-positive depression findings [J]. JAMA Psychiatry, 70（5）: 490—498.

YARCHESKI A, MAHON N E, YARCHESKI T J, et al., 2009. A meta-analytic study of predictors of maternal-fetal attachment [J]. International Journal of Nursing Studies，46：708—715.

ZIMERMAN A，DOAN H，2003. Prenatal attachment and other feelings and thoughts during pregnancy in three groups of pregnant women [J]. Journal of Pre-and Perinatal Psychology and Health，18：131—148.

附　录

婚姻质量对母胎依恋的影响：
孕期抑郁的中介作用和
早期依恋经历的调节作用 *

聂　戈

【摘要】目的：探讨婚姻质量、孕期抑郁、母亲早期依恋经历对母胎依恋的影响。方法：采用母胎依恋关系量表、婚姻调适测验、爱丁堡产后抑郁量表、成人对父母的依恋经历调查问卷对 455 名孕晚期孕妇进行调查。结果：①母胎依恋与婚姻质量、母亲早期依恋经历呈显著正相关，与孕期抑郁呈显著负相关。②婚姻质量、孕期抑郁对母胎依恋的路径系数均达到显著水平，而母亲早期依恋经历对母胎依恋的路径系数未达到显著水平。③孕期抑郁在婚姻质量与母胎依恋之间起部分中介作用，母亲早期依恋经历调节婚姻质量对母胎依恋的影响，表现为婚姻质量对母胎依恋的预测在低早期依恋经历的孕妇中更显著。结论：婚姻质量不仅会直接影响母胎依恋，还会通过孕期抑郁的中介作用和母亲早期依恋经历的调节作用对母胎依恋产生影响。

【关键词】母胎依恋；婚姻质量；孕期抑郁；早期依恋经历

　　母胎依恋是一种母亲对于胎儿所产生的情感联结关系[1]，包括母亲与胎儿

---

* 本文最早发表于中国临床心理学杂志,2018,1:143-146.

的互动、母亲对胎儿心身特征的想象以及母亲与他人对于胎儿信息的分享[2]。不良的母胎依恋会威胁到母亲的怀孕过程与胎儿的健康发展[3]，甚至会影响孩子出生后的亲子关系发展[4-6]。因此，探究母胎依恋的影响因素，有助于更加深入地理解母胎依恋的形成，以便为医院与家庭干预母胎依恋关系提供理论指导。

母胎依恋受诸多因素的影响，其中婚姻质量引起了许多学者的关注。大部分研究发现，婚姻质量与母胎依恋呈正相关，即孕妇对婚姻质量越满意，对胎儿投入的情感就越多，母胎依恋水平就会更高[1, 7-8]。但是，也有一些研究结论与之相悖[9, 11]。上述研究结论的差异性提示我们，婚姻质量对母胎依恋的影响可能受到其他变量的影响。

根据穆勒[12]提出的母胎依恋模型，母亲早期依恋经历和孕期情绪状态均可能成为影响婚姻质量与母胎依恋之间关系的因素。一方面，婚姻质量对孕期抑郁有直接影响[13-14]，进而可能对母胎依恋产生影响。孕期的女性对人际关系会更加敏感，不良的婚姻关系使孕妇无法从伴侣那里获得支持，导致孕期抑郁情绪的产生或加剧，从而对母胎依恋产生消极影响[10]。因此，孕期抑郁可能在婚姻质量与母胎依恋之间起中介作用。另一方面，在关于婚姻质量与母胎依恋之间关系的研究中，有学者发现孕妇的早期依恋经历可能在两者之间起调节作用。早期依恋经历形成了孕妇自己的依恋内部表征，会对婚姻关系产生重要影响，进而对母胎依恋产生影响[12]。布沙尔[15]研究证实了这一点。早期依恋经历较差的孕妇，婚姻质量与母胎依恋之间呈显著正相关；早期依恋经历较好的孕妇，婚姻质量与母胎依恋之间的相关不显著。

综上所述，婚姻质量对母胎依恋的影响可能受到孕期抑郁的中介作用，也可能受到早期依恋经历的调节作用，抑或是两种作用并存，这有待于进一步的研究检验。根据以上文献的提示和对生活的观察与思考，笔者提出一个孕期抑郁、早期依恋经历、婚姻质量与母胎依恋四者之间有调节的中介模型假设，即孕期抑郁在婚姻质量与母胎依恋之间起部分中介作用，以及早期依恋经历在婚姻质量与母胎依恋之间起调节作用，本研究将对这一理论假设进行检验。

1. 对象与方法

1.1　被试

本研究采用方便取样，分别在某妇幼保健院的产科门诊进行取样，选取≥18 岁、具备读写中文能力、无严重身心病症、且处于孕晚期的初产妇作为被试。发放问卷 455 份，其中有效问卷 443 份，有效回收率为 95.16%。孕周 34~40 周，平均孕周为 37.43 周（SD = 1.55），年龄 20~39 岁，平均年龄 28.76 岁（SD = 3.03）。所有被试均是在了解研究目的的情况下自愿参加调查。

1.2　工具

1.2.1　母胎依恋关系量表（Maternal Antenatal Attachment Scale，MAAS）

该量表由康登 [7] 编制，用于测量母胎依恋水平的自陈量表。共 19 个条目，5 点计分。该问卷总分跨度为 19~95，分数越高表明母胎依恋水平越高。聂戈和范红霞[17]的研究表明，该量表在中国孕妇群体中具有良好的心理测量学特性。本研究中量表的内部一致性系数为 0.76。

1.2.2 婚姻调适测验（Marital-Adjustment Test，MAT）

该测验用于婚姻质量的测量，可在临床上区分满意和不满意的夫妻。共 15 个条目，包括交流、性生活兼容性、情感及价值观差异四个维度，总分 158 分，分值越高表示对婚姻的满意度越高[18]。本研究中量表的内部一致性系数为 0.62。

1.2.3 爱丁堡产后抑郁量表（Edinburgh Postnatal Depression Scale，EPDS）

该量表用于测量孕产妇抑郁程度的量表。共 10 个条目，分别涉及心境、乐趣、自责、抑郁、恐惧、失眠、应付能力、悲伤、哭泣和自伤等，从 0（从未）~3（总是）四级评分，分数越高表示抑郁程度越高，9 分为筛查孕产妇抑郁症患者的临界值[19]。本研究中量表的内部一致性系数为 0.85。

1.2.4 成人对父母的依恋经历调查问卷（Adult-to-parental Attachment Experience Survey，AAES）

该问卷由王朝等人[20]编制，用于测量成人对父母依恋经历与类型特征。共 36 个条目，分为安全型、过度投入型、淡漠型和未解决型 4 个分量表，从 1（非常符合）~5（非常不符合）五级评分，将 4 个分量表得分合成一个依恋总分（依恋总分＝安全型分量表得分－过度投入型分量表得分－淡漠型分量表得分－

未解决型分量表得分），总分越高表示其儿童时期依恋的安全程度越高。本研究中量表的内部一致性系数为 0.80。

1.3　研究程序

第一，经沟通了解，确定研究在某妇幼保健院产科门诊开展；第二，将该产科门诊的两位护士作为主试，对其进行有关的专业培训；第三，正式发放问卷，并将回收的问卷运用 SPSS19.0 和 AMOS17.0 进行数据处理与分析。

2. 结果

2.1　共同方差偏差检验

由于所有数据均来自孕妇的自我报告，首先采用 Harman 单因子检验对共同方法偏差进行了检验。结果显示，共 14 个因子特征值大于 1，最大因子解释变异量为 17.79%，小于 40%。因此，本研究不存在严重的共同方法偏差问题。

2.2　各变量描述统计及其相关分析

表 1 列出了母胎依恋、婚姻质量、孕期抑郁和母亲早期依恋经历的平均数、标准偏差和相关矩阵。母胎依恋与婚姻质量、母亲早期依恋经历呈显著正相关，

与孕期抑郁呈显著负相关；母亲早期依恋经历、孕期抑郁、婚姻质量三者之间也存在显著相关。

表1　各变量平均数、标准差和相关分析结果

	M	SD	1	2	3
1. MAAS	75.29	6.41			
2. MAT	116.36	9.33	0.49***		
3. EPDS	6.30	3.74	−0.31***	−0.35***	
4. AAES	0.09	2.21	0.17*	0.26***	−0.34***

注：*$p < 0.05$，**$p < 0.01$，***$p < 0.001$，下同。

2.3　婚姻质量、孕期抑郁、母亲早期依恋经历对母胎依恋的独特效应

笔者采用逐步回归分析以了解婚姻质量、孕期抑郁、母亲早期依恋经历对母胎依恋的独特效应。如表2所示，其中，婚姻质量（$\beta = 0.43$，$p < 0.001$）、孕期抑郁（$\beta = -0.18$，$p < 0.01$）对母胎依恋的独特效应均达到显著水平，而母亲早期依恋经历（$\beta = -0.02$，$p > 0.05$）对母胎依恋的独特效应不显著。

表2　婚姻质量、孕期抑郁、母亲早期依恋经历对母胎依恋的独特效应

预测变量	β	t
婚姻质量	0.43	6.51***
孕期抑郁	−0.18	−2.75**
母亲早期依恋经历	−0.02	−0.29
	$\Delta F = 34.91$	$\Delta R^2 = 0.26$

2.4　有调节的中介模型验证

按照潜变量调节效应分析方法[21]，将自变量和调节变量中心化，随后分别考察婚姻质量对孕期抑郁以及婚姻质量、孕期抑郁、婚姻质量 × 母亲早期依恋经历对母胎依恋的影响。

根据假设提出模型（图1），各项拟合指标良好（$\chi^2/df = 1.81$，GFI $= 0.98$，IFI $= 0.91$，CFI $= 0.91$，RMSEA $= 0.065$）。婚姻质量与孕期抑郁（$\gamma = -0.34$，SE $= 0.068$，$p < 0.001$）、孕期抑郁与母胎依恋（$\gamma = -0.19$，SE $= 0.065$，$P < 0.01$）、婚姻质量与母胎依恋（$\gamma = 0.42$，SE $= 0.065$，$p < 0.001$），婚姻质量 × 母亲早期依恋经历与母胎依恋（$\gamma = -0.18$，SE $= 0.065$，$p < 0.01$）之间的路径系数均达到显著水平。由此结果证明存在有调节的中介模型，即孕期抑郁在婚姻质量与母胎依恋之间起部分中介作用，母亲早期依恋经历在婚姻质量与母胎依恋之间起调节作用。

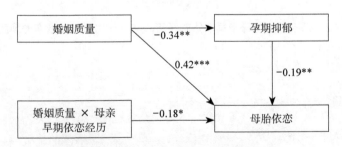

图1　婚姻质量、孕期抑郁、母亲早期依恋经历
与母胎依恋四者之间的调节与中介模型

运用简单斜率分析法对母亲早期依恋经历的调节效应进一步分析，将母亲早期依恋经历分数按平均分加减一个标准偏差分为高依恋组和低依恋组，分析在不同母亲早期依恋经历水平下婚姻质量对母胎依恋的影响。结果如图2所示，低依恋组中，婚姻关系能够显著正向预测母胎依恋（简单斜率 = 0.31，$t = 6.57$，$p < 0.001$）；高依恋组中，婚姻关系对母胎依恋的正向预测不显著（简单斜率 = 0.07，$t = 1.77$，$p > 0.05$）。

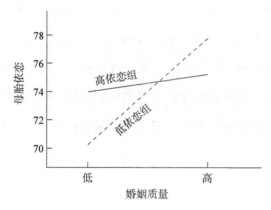

图2　婚姻质量与母亲早期依恋经历的交互作用对母胎依恋的预测

3. 讨论

在孕期抑郁、母亲早期依恋经历、婚姻质量三者对母胎依恋的独特效应中，婚姻质量对母胎依恋的独特效应最大。结果表明，作为孕妇的主要社会支持，婚姻质量对母胎依恋有着非常重要的影响。家庭始于婚姻关系的建立，婚姻系统孕育了亲子系统和兄弟姐妹系统。婚姻关系的质量是影响家庭团结和睦的核心要素，对家庭生活起着举足轻重的作用（Cox，Paley，2003；Erel，Burman，1995）。本研究证实，婚姻质量能直接预测母胎依恋的水平，且两者存在显著的正相关，这一结果与以往的研究结论是一致的（Alhusen，2008；Bouchard，2011；Salisbury，Law，LaGasse，Lester，2003），表明婚姻关系对亲子关系的萌芽期（即母胎依恋）也具有同等重要的影响。

本研究发现，婚姻质量不仅可以直接影响母胎依恋，还会通过孕期抑郁的部分中介作用影响母胎依恋的水平。具体而言，婚姻质量负向预测孕期抑郁程度，即与婚姻质量较好的孕妇相比，婚姻质量较差的孕妇的抑郁情绪评分更高；同时孕期抑郁负向预测母胎依恋，即与抑郁情绪评分较高的孕妇相比，抑郁情绪评分较低的孕妇对胎儿的情感投入更多，其母胎依恋水平更高。

对于初产妇而言，怀孕是一个重要而未知的生活事件。在适应怀孕带来的生理、心理转变的过程中，需要来自伴侣与家人的支持与关怀，因此，和谐的婚姻关系对于孕妇尤其重要。不和谐的婚姻关系会产生或加剧孕妇的抑郁情绪。抑郁情绪会影响孕妇对于怀孕的反应，减少其对胎儿投入的情感与精力，导致对母胎依恋产生消极影响。本研究发现，孕妇的抑郁程度能直接预测母胎依恋的水平，且两者存在显著的负相关，这一结果与以往的研究结论是一致的（Alhusen，et al.，2012；Goecke，et al.，2012；Lindgren，2001）。这个发现提醒我们，母胎依恋虽反映的是母亲与胎儿建立起来的情感连接的质量与强度，但其深受母亲抑郁情绪的影响。在今后对母胎依恋的预防与干预工作中，应当对孕妇的抑郁情绪进行考察与评估。

本研究还发现，母亲早期依恋经历在婚姻质量与母胎依恋关系之间起着调节作用。具体表现为，早期依恋经历较差的孕妇，如果婚姻质量较高，会促进她们的母胎依恋的发展；而早期依恋经历较好的孕妇，无论婚姻质量是高是低，其母胎依恋的水平都比较良好。此结果与穆勒（1994）、布沙尔（2011）的研究一致。

因此，婚姻质量对母胎依恋的影响并不是单一的，母亲早期依恋经历通过与婚姻质量的交互作用对母胎依恋关系产生影响。对于有着良好早期依恋经历的母亲，婚姻质量对母胎依恋关系的影响不显著；而对于早期依恋经历较差的母亲，她们可能更需要来自伴侣的支援和陪伴，良好的婚姻关系可以补偿早期依恋经历的不足。

参考文献

[1] ALHUSEN J L. A Literature Update on Maternal-Fetal Attachment. Journal of Obstetric, Gynecologic, and Neonatal Nursing, 2008, 37：315-328.

[2] BIELAWSKA-BATOROWICZ E, SIDDIQUI A. A Study of Prenatal Attachment with Swedish and Polish Expectant Mothers. Journal of Reproductive and Infant Psychology, 2008, 26（4）：373-384.

[3] POLLOCK P H, PERCY A. Maternal Antenatal Attachment Style and Potential Fetal Abuse. Child Abuse and Neglect, 1999, 23：1345-1357.

[4] OHARA M, OKADA T, KUBOTA C, et al. Validation and Factor Analysis of Mother-Infant Bonding Questionnaire in Pregnant and Postpartum Women in Japan. BMC Psychiatry, 2016, 16：212-219.

[5] ROSSEN L, HUTCHINSON D, WILSON J, et al. Predictors of Postnatal Mother-Infant Bonding：the Role of Antenatal Bonding, Maternal Substance Use and Mental Health. Arch

Womens Ment Health，2016，19：609-622.

[6] SIDDIQUI A，HAGGLÖF B. Does Maternal Prenatalattachment Predict Postnatal Mother-Infant Interaction? Early Human Development，2000，59：13-25.

[7] CONDON J T，CORKINDALE C. The Correlates of Antenatal Attachment in Pregnant Women. British Journal of Medical Psychology，1997，70：359-372.

[8] SALISBURY A，LAW K，LAGASSE L，et al. Maternal-Fetal Attachment. JAMA：the Journal of the American Medical Association，2003，289：1701.

[9] HJELMSTEDT A，WIDSTRÖM A M，COLLINS A. Prenatal Attachment in Swedish IVF Fathers and Controls. Journal of Reproductive and Infant Psychology，2007，25：296-307.

[10] VAN BUSSEL J C H，SPITZ B，DEMYTTENAERE K. Reliability and Validity of the Dutch Version of the Maternal Antenatal Attachment Scale. Arch Womens Ment Health，2010，13：267-277.

[11] ZACHARIAH R. Maternal-Fetal Attachment：Influence of Mother-Daughter and Husband-Wife Relationships. Research in Nursing and Health，1994，17：37-44.

[12] MULLER M E. Development of the Prenatal Attachment Inventory. Western Journal of Nursing Research. 1993，15（2）：199-215.

[13] 贾彩丽，王立军，陆亚娟，等. 孕晚期妇女抑郁现状及其影响因素分析 [J]. 护理研究，2016，30（33）：4134-4137.

[14] 李利娜，陈瑞君，徐冬梅. 婚姻质量与妊娠中后期抑郁焦虑情绪的关系 [J]. 中国妇幼保健，2007，22（19）：2634-2636.

[15] BOUCHARD G. The Role of Psychosocial Variables in Prenatal Attachment：An Examination of Moderational Effects. Journal of Reproductive and Infant Psychology，2011，29（3）：197-207.

[16] CONDON J T，CORKINDALE C. The Assessment of Parent-to-Infant Attachment：Development of A Self-Report Questionnaire Instrument. Journal of Reproductive and Infant Psychology，1998，16（1）：57-77.

[17] 聂戈，范红霞 . 母胎依恋关系量表的修订及信效度检验 [J]. 中国临床心理学杂志，2017，25（4）：675-677.

[18] LOCKE H J，WALLACE K M. Short Marital-Adjustment and Prediction Tests：Their Reliability and Validity. Marriage，Family Living，1959，21（3）：251-255.

[19] COX J，HOLDEN J，SAGOVSKY R. Detection of Postnatal Depression. Development of the 10-item Edinburgh Postnatal Depression Scale. British Journal of Psychiatry，1987，150：782-786.

[20] 王朝，肖晶，王争艳，等 . 成人对父母的依恋经历调查问卷的编制 [J]. 中国心理卫生杂志，2012，26（8）：626-631.

[21] 温忠麟，吴艳 . 潜变量交互效应建模方法演变与简化 [J]. 心理科学进展，2010，18（8）：1306-1313.

[22] 梁宗保，张光珍，邓慧华，等 . 从婚姻关系到亲子关系：父母情绪表达的中介作用 [J]. 心理学报，2013，45（12）：1355-1367.

[23] ALHUSEN J L，GROSS D，HAYAT M J，et al. The Role of Mental Health on Maternal-Fetal Attachment in Low Income Women. Journal of Obstetric Gynecologic and Neonatal Nursing，2012，41：71-81.

[24] LINDGREN K. Relationships Among Maternal-Fetal Attachment，Prenatal Depression，and Helath Practices in Pregnancy. Research in Nursing，Health，2001，24：203-217.

[25] MCFARLAND J，SALISBURY A L，BATTLE C L，et al. Major Depressive Disorder During Pregnancy and Emotional Attachment to the Fetus. Arch Womens Ment Health，2011，14：425-434.

孕妇母胎依恋与神经质人格、
婚姻质量的关系 *

聂 戈 范红霞

【摘 要】目的：考察孕妇神经质人格、婚姻质量与母胎依恋之间的关系。方法：研究采用大五人格测验—神经质分量表（FFI-N）、婚姻调适测验（MAT）、母胎依恋关系量表（MAAS），对某妇幼保健院283名处于孕晚期的孕妇进行调查，通过结构方程模型考察各变量之间的关系。结果：母胎依恋与婚姻质量（$r = 0.49$，$p < 0.001$）呈正相关，与神经质人格（$r = -0.42$，$p < 0.001$）呈负相关；神经质人格与婚姻质量之间也存在负相关（$r = -0.39$，$p < 0.001$）。对有调节的中介模型进行验证，各项拟合指标良好（$\chi^2/df = 1.956$，GFI $= 0.971$，IFI $= 0.926$，CFI $= 0.922$，RMSEA $= 0.070$）。神经质人格与婚姻质量（$\gamma = -0.39$，SE $= 0.066$，$p < 0.001$）、神经质人格与母胎依恋（$\gamma = -0.27$，SE $= 0.064$，$p < 0.001$）、

* 本文最早发表于中国心理卫生杂志，2018，9：720-723.

婚姻质量与母胎依恋（$\gamma = 0.38$，SE $= 0.064$，$p < 0.001$）、交互项与母胎依恋（$\gamma = -0.09$，SE $= 0.055$，$p < 0.05$）之间的路径系数均达到显著水平。结论：孕妇神经质人格、婚姻质量与母胎依恋三者之间存在一个有调节的中介模型。其中，神经质人格在婚姻质量与母胎依恋之间的调节效应显著；婚姻质量在神经质人格与母胎依恋之间起部分中介作用。

【关键词】神经质；婚姻质量；母胎依恋；孕妇

近年的研究发现，亲子关系从孕期就开始逐渐形成，表现为母胎依恋[1]。母胎依恋是一种母亲对于胎儿所产生的情感联结关系，包括母亲与胎儿的互动、母亲对胎儿心身特征的想象以及母亲与他人对于胎儿信息的分享[2]。良好的母胎依恋可以促进孕妇母亲角色的认同，保障构建有利于胎儿生长发育的宫内环境，提高妊娠质量，为孩子出生后的亲子关系奠定基础[3-4]。因此，有必要对国内母胎依恋进行研究。

母胎依恋受诸多因素的影响，包括怀孕相关因素、心理社会因素等[5]。其中，已有一些研究探讨了母胎依恋与婚姻质量之间的关系。一部分研究发现，孕妇的婚姻质量与母胎依恋之间呈正相关，具体表现为婚姻质量越高，孕妇对胎儿投入的情感越多，母胎依恋的水平越高[6-8]。但是，也有一些研究结论与之相悖[9-10]。上述研究结论的差异性提示我们，婚姻质量对母胎依恋的影响可能受到其他变量的影响。

事实上，很久以来，人们就已确认人格与婚姻质量有着十分密切的关系。从本质来看，夫妻关系是两个具有某种人格特质的异性之间的互动关系。关于人格与婚姻质量关系的研究发现，各种人格特质中，影响婚姻质量的主要因素

是神经质人格 [11]。卡米（Kamey）等人 [12] 的元分析研究发现，神经质与婚姻质量呈中等程度的负相关。

考虑到神经质人格对婚姻质量的复杂影响，目前国内外的文献大都仅仅支持单一的考察婚姻质量对母胎依恋的影响。但事实上，一方面，关于婚姻质量与母胎依恋之间关系的研究中发现，孕妇的神经质人格可能在两者之间起调节作用。高神经质的人通常将注意力过分集中于感知或极力排除症状，导致无法感知到伴侣给予的帮助与支持。与低神经质的孕妇相比，高神经质的孕妇可能更难从伴侣那里获得有利于母胎依恋的支持。布沙尔 [8] 研究证实了这一点，对于低神经质的孕妇，婚姻质量与母胎依恋之间呈显著正相关，而对于高神经质的孕妇，婚姻质量与母胎依恋之间的相关不显著。另一方面，神经质人格对婚姻质量有直接影响 [13]，进而可能对母胎依恋产生影响。由此可以看出婚姻在其中起着中介作用。对于每一对年轻夫妇来说，孕育新生命都是充满期待的重要事件，但随之而来的变化与压力也给夫妻关系带来挑战。低神经质者能够更积极应对，通过夫妻沟通与互动，减少夫妻冲突，提高婚姻质量，进而对母胎依恋产生积极影响；反之，高神经质者的消极应对，往往会降低婚姻质量，进而对母胎依恋产生消极影响。因此，婚姻质量可能在神经质人格与母胎依恋之间起中介作用。

神经质人格、婚姻质量与母胎依恋三者之间的关系到底如何？谁在起调节作用？谁在起中介作用？抑或是两种作用并存？有待于进一步的研究探索。根据以上文献的提示，笔者提出一个神经质人格、婚姻质量与母胎依恋三者之间有调节的中介模型假设，即婚姻质量在神经质人格与母胎依恋之间起中介作用，以及神经质人格在婚姻质量与母胎依恋之间起调节作用，本研究将对这一理论假设进行检验。

1. 对象与方法

1.1 对象

本研究在某妇幼保健院的产科门诊进行取样，选取 ≥ 18 岁、具备读写中文能力、无严重身心病症、且处于孕晚期的孕妇作为被试。发放问卷 285 份，其中有效问卷 283 份。被调查孕妇中，孕周 34~40 周，平均孕周为 36.87 周（$s = 1.61$）；年龄 20~39 岁，平均年龄 27.85 岁（$s = 3.11$）。生育次数：初次的 242 人，多次的 41 人；计划怀孕：计划怀孕 220，意外怀孕 63 人。所有被试均是在了解研究目的的情况下自愿参加调查。

1.2 工具

1.2.1 母胎依恋关系量表

母胎依恋关系量表（Maternal Antenatal Attachment Scale，MAAS）是由康登[14]编制，用于测量母胎依恋水平的自陈量表。共 19 个条目，5 点计分。该量表有"依恋的质量"和"依恋的强度"两个维度，总分跨度为 19~95 分，分数越高表明母胎关系水平越高。聂戈和范红霞[15]的研究表明，该量表在中国孕妇群体中具有良好的心理测量学特性。本研究中量表的内部一致性系数为 0.77。

1.2.2 婚姻调适测验

婚姻调适测验（Marital-Adjustment Test，MAT）是由洛克和华莱士[16]编制，

用于整体婚姻质量的单一指标的测量工具，可在临床上区分满意和不满意的夫妻。共 15 个条目，总分为 2~158 分之间。分数为 100 分或以上，代表婚姻质量较好，分值越高表示婚姻质量越高。马希权等 [17] 的研究表明，该量表在中国群体中具有良好的心理测量学特性。本研究中量表的内部一致性系数为 0.62。

1.2.3　大五人格测验—神经质分量表

大五人格测验—神经质分量表（FFI-N）是由科斯塔（Costa）与克雷亚（Crae）编制，用于评估情绪的稳定性程度，共 12 个条目，从 1（非常符合）~ 5（非常不符合）五级评分，分值越高表示情绪的稳定性程度越高。本研究中量表的内部一致性系数为 0.81。

1.3　研究程序

第一，经沟通了解，确定研究在某妇幼保健院产科门诊开展；第二，将该产科门诊的两位护士作为主试，对其进行有关的专业培训；第三，正式发放问卷，并对回收的问卷进行数据处理与分析。

1.4　统计方法

使用 SPSS19.0 统计软件，进行共同方法偏差检验，在确定不存在严重的共同方法偏差问题基础上进行量表的内部一致性检验，统计平均数与标准差，以及 Pearson 相关分析。使用 AMOS17.0 统计软件对所提出的有调节的中介模型进行验证。

2. 结果

2.1 共同方法偏差检验

由于所有数据均来自孕妇的自我报告，首先采用 Harman 单因子检验对共同方法偏差进行了检验。结果显示，共 13 个因子特征值大于 1，最大因子解释变异量为 15.96%，小于 40%。因此，本研究不存在严重的共同方法偏差问题。

2.2 神经质人格、婚姻质量与母胎依恋得分的相关分析

表 1 列出了各研究变量的平均数、标准差和相关矩阵。母胎依恋与婚姻质量呈正相关，与神经质人格呈负相关；神经质人格与婚姻质量之间也存在负相关。生育次数与母胎依恋呈负相关，因此，在后续分析中，有必要对怀孕相关变量进行控制。

表 1 神经质人格、婚姻质量与母胎依恋得分的相关关系（r, $n = 283$）

变量	$\bar{x} \pm s$	生育次数	计划怀孕	母胎依恋	婚姻质量
生育次数	0.1 ± 0.4	1			
计划怀孕	0.2 ± 0.4	0.13	1		

变量	$\bar{x} \pm s$	生育次数	计划怀孕	母胎依恋	婚姻质量
母胎依恋	75.4 ± 6.4	−0.16*	−0.11	1	
婚姻质量	115.2 ± 11.7	−0.09	−0.20**	0.49***	1
神经质人格	29.5 ± 7.0	0.00	0.11	− 0.42***	− 0.39***

注 : *$p < 0.05$，**$p < 0.01$，***$p < 0.001$，以下同。初次生育为 0，多次生育为 1；计划怀孕为 0，意外怀孕为 1。

2.3　有调节的中介模型验证

根据温忠麟、刘红云和侯杰泰[18]的建议，将自变量和调节变量中心化，随后分别考察神经质人格对婚姻质量以及神经质人格、婚姻质量、二者交互项对母胎依恋的影响，并控制生育次数、计划怀孕等怀孕相关变量对模型的影响。

根据假设提出模型（图 1），各项拟合指标良好（$\chi^2/df = 1.956$，GFI = 0.971，IFI = 0.926，CFI = 0.922，RMSEA = 0.070）。神经质人格与婚姻质量（$\gamma = -0.39$，SE = 0.066，$p < 0.001$）、神经质人格与母胎依恋（$\gamma = -0.27$，SE = 0.064，$p < 0.001$）、婚姻质量与母胎依恋（$\gamma = 0.38$，SE = 0.064，$p < 0.001$）、交互项与母胎依恋（$\gamma = -0.09$，SE = 0.055，$p < 0.05$）之间的路径系数均达到显著水平。由此结果证明存在有调节的中介模型，即神经质人格对婚姻质量与母胎依恋的关系有调节作用。

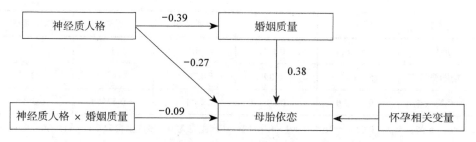

图 1　神经质人格、婚姻质量与母胎依恋三者之间的调节与中介模型

（怀孕相关变量作为控制变量）

　　运用简单斜率分析法对神经质人格的调节效应进一步分析，将神经质人格分数按平均分加减一个标准差分为高神经质组和低神经质组，分析在不同神经质水平下婚姻质量对母胎依恋的影响（图 2）。结果表明，低神经质组中，婚姻质量能够显著正向预测母胎依恋（简单斜率 = 0.44，$t = 3.42$，$p < 0.001$）；高神经质组中，婚姻质量对母胎依恋的正向预测不显著（简单斜率 = 0.13，$t = 1.51$，$p > 0.05$）。

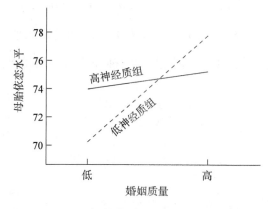

图 2　神经质人格与婚姻质量的交互作用对母胎依恋的预测

3. 讨论

学者们已经认识到婚姻质量与母胎依恋之间的紧密关系。考虑到神经质人格对婚姻质量的复杂影响，三者之间可能存在中介作用或调节作用，因此，不能单一地考察孕妇的婚姻质量对母胎依恋的影响。为了同时检验婚姻质量在神经质人格与母胎依恋之间的中介作用，以及神经质人格在婚姻质量与母胎依恋之间的调节作用，本研究建构了一个神经质人格、婚姻质量与母胎依恋三者之间有调节的中介模型，并获得有意义的发现。

研究结果表明，神经质人格对母胎依恋有着重大而复杂的影响。神经质人格反映了情绪的稳定性。与低神经质者相比，高神经质者应对环境未知结果的能力较差[19-20]。对于初产妇而言，怀孕是一个重要而未知的生活事件。相对于低神经质的孕妇，高神经质的孕妇可能在适应怀孕过程的生理、心理转变方面遇到更多的困难[21]，导致对母胎依恋产生消极影响。本研究发现，孕妇的神经质人格能直接预测母胎依恋的水平，且两者存在显著的负相关。这个发现提醒我们，母胎依恋虽然反映的是母亲与胎儿建立起来的情感联结的质量与强度，但其深受母亲自身的人格因素的影响。在今后对母胎依恋的预防与干预工作中，应当对孕妇的人格特质进行考察与评估。

然而，神经质人格不仅直接影响母胎依恋，研究证实孕妇的神经质人格还会通过婚姻质量的部分中介作用影响母胎依恋的水平。具体而言，神经质人格负向预测婚姻质量，即与高神经质的孕妇相比，低神经质的孕妇对自己的婚姻质量的评分更高；同时婚姻质量正向预测母胎依恋，即与婚姻质量评分较低的孕妇相比，婚姻质量评分较高的孕妇对胎儿投入的情感更多，其母胎依恋水平更高。

家庭始于婚姻关系的建立，婚姻系统孕育了亲子系统和兄弟姐妹系统。婚姻关系的质量是影响家庭团结和睦的核心要素，对家庭生活起着举足轻重的作用[22]。本研究证实了婚姻质量与母胎依恋之间存在显著的正相关，并且婚姻质量能直接预测母胎依恋的水平，这一结果与以往的研究结论是一致的[8, 23-24]，表明婚姻质量对亲子关系的萌芽期具有同等重要的影响。

值得注意的是，婚姻质量对母胎依恋的影响并不是单一的，在婚姻质量与母胎依恋之间还存在神经质人格的调节作用。具体表现为，对于低神经质的孕妇，如果婚姻质量较低，会影响她们的母胎依恋的发展；而对于高神经质的孕妇，无论婚姻质量是高是低，其母胎依恋的水平都比较低。研究结果表明，虽然婚姻质量对母胎依恋会产生积极影响，但高神经质的孕妇较难从伴侣那里获得有利于母胎依恋的支持。因此，在今后对母胎依恋的预防与干预工作中，对于高神经质的孕妇，除了伴侣的支持，还应从多方面入手，给予她们更多科学、专业的指导，以帮助她们适应怀孕过程的各种变化，从而改善她们的母胎依恋关系。

参考文献

[1] SIDDIQUI A，HAGGLÖF B. Does Maternal Prenatalattachment Predict Postnatal Mother-Infant Interaction? [J]. Early Human Development，2000，59：13-25.

[2] BIELAWSKA-BATOROWICZ E，SIDDIQUI A. A Study of Prenatal Attachment with Swedish and Polish Expectant Mothers [J]. Journal of Reproductive and Infant Psychology，2008，26（4）：

373-384.

[3]   ALHUSEN J L，HAYAT M J，GROSS D. A Longitudinal Study of Maternal Attachment and Infant Developmental Outcomes [J]. Arch Womens Ment Health，2013，16（6）：521-529.

[4]   DUBBER S，RECK C，MÜLLER M，et al. Postpartum Bonding：The Role of Perinatal Depression，Anxiety and Maternal-Fetal Bonding During Pregnancy [J]. Arch Womens Ment Health，2015，18：187-195.

[5]   丁雪辰，桑标，李丹 . 母亲—胎儿关系：概念、测量和影响因素 [J]. 心理科学，2013，36（5）：1146-1152.

[6]   ALHUSEN J L. A Literature Update on Maternal-Fetal Attachment [J]. Journal of Obstetric Gynecologic and Neonatal Nursing，2008，37：315-328.

[7]   BARONE L，LIONETTI F，DELLAGIULIA A. Maternal-Fetal Attachment and Its Correlates in A Sample of Italian Women：A Study Using the Prenatal Attachment Inventory [J]. Journal of Reproductive and Infant Psychology，2014，32：230-239.

[8]   BOUCHARD G. The Role of Psychosocial Variables in Prenatal Attachment：An Examination of Moderational Effects [J]. Journal of Reproductive and Infant Psychology，2011，29（3）：197-207.

[9]   HJELMSTEDT A，WIDSTRÖM A，COLLINS A. Psychological Correlates of Prenatal Attachment in Women Who Conceived After in Vitro Fertilization and Women Who Conceived Naturally [J]. Birth，2006，33：303-310.

[10] ZACHARIAH R. Maternal-Fetal Attachment：Influence of Mother-Daughter and Husband Wife Relationships [J]. Research in Nursing and Health，1994，17：37-44.

[11] JOHNSON W，MCGUE M，KRUEGER R F，et al. Marriage and Personality：A Genetic Analysis [J]. Behavior Genetics，2002，32（6）：472-472.

[12] KAMEY B R，BRADBURY T N. The Longitudinal Course of Marital Quality and Stability：A Review of Theory, Method, and Research [J]. Psychological Bulletin, 1995, 118（1）:3-34.

[13] 贾黎斋，王宇中，赵江涛，等. 应对方式在夫妻人格与婚姻质量关系间的中介效应 [J]. 中华行为医学与脑科学杂志，2013，22（1）：43-45.

[14] CONDON J T. The Assessment of Antenatal Emotional Attachment : Development of A Questionnaire Instrument [J]. British Journal of Medical Psychology，1993，66 : 167-183.

[15] 聂戈，范红霞. 母胎依恋关系量表的修订及信效度检验 [J]. 中国临床心理学杂志，2017，25（4）：675-677.

[16] LOCKE H J，WALLACE K M. Short Marital-Adjustment and Prediction Tests : Their Reliability and Validity [J]. Marriage，Family Living，1959，21（3）：251-255.

[17] 马希权，尹飞雁，姚玉红，等. 已婚独生子女的婚姻调适 [J]. 中国心理卫生杂志，2013，26（2）：118-119.

[18] 温忠麟，刘红云，侯杰泰. 调节效应和中介效应分析 [M]. 北京：教育科学出版社，2012.

[19] JOHN O P，NAUMANN L R，SOTO C J. Handbook of Personality : Theory and Research（3th）[M]. New York : The Guilford Press，2008.

[20] LAHEY B B. Public Health Significance of Neuroticism. American Psychologist，2009，64 : 241-256.

[21] 周晓梅，侯桂芝，郭琳，等. 488 名初产孕妇个性特征与抑郁情绪回归模型 [J]. 中国健康心理学杂志，2013，21（11）：1656-1659.

[22] 梁宗保，张光珍，邓慧华，等. 从婚姻关系到亲子关系：父母情绪表达的中介作用 [J]. 心理学报，2013，45（12），1355-1367.

[23] BUSONERA A，CATAUDELLA S，TOMMASI M，et al. Investigating Validity and Reliability Evidence for The Maternal Antenatal Attachment Scale in A Sample of Italian Women [J]. Arch Womens Ment Health，2016，19 : 329-336.

[24] LAWRENCE E，NYLEN K，COBB R J. Prenatal Expectations and Marital Satisfaction Over the Transition to Parenthood [J]. J Fam Psychol，2007，21（2）：155-164.